Theodor Hertzka

Die Goldrechnung in Österreich-Ungarn

Theodor Hertzka

Die Goldrechnung in Österreich-Ungarn

ISBN/EAN: 9783743320864

Hergestellt in Europa, USA, Kanada, Australien, Japan

Cover: Foto ©ninafisch / pixelio.de

Manufactured and distributed by brebook publishing software (www.brebook.com)

Theodor Hertzka

Die Goldrechnung in Österreich-Ungarn

DIE
GOLDRECHNUNG
IN
ÖSTERREICH-UNGARN

VON

DR. THEODOR HERTZKA.

WIEN.
Manz'sche k. k. Hof-Verlags- und Universitäts-Buchhandlung.
1879.

Seit der Pariser Münzconferenz ist die Währungsfrage für Europa praktisch entschieden: wohl beklagen noch Einzelne den unvermeidlich gewordenen Uebergang zur alleinigen Goldwährung als eine schwere Calamität und ebenso werden Bedenken geltend gemacht, ob es denn jedem Staate möglich sein werde, diesen Uebergang rasch genug und ohne erdrückende Opfer durchzuführen: Niemand aber, er mag vom Katheder herab, oder im Besitze der Regierungsgewalt die Sache behandeln, leugnet fernerhin, dass, wie die Dinge nun einmal liegen, jeder europäische Staat bemüht sein müsse, sein Geldwesen auf Basis der Goldwährung einzurichten, will er anders nicht ausgeschlossen sein aus der Geldgemeinschaft der civilisirten Staaten des Abendlandes. Es wäre dabei, vom praktischen Gesichtspunkte betrachtet, auch ganz einerlei, ob man es hier blos mit einer vorübergehenden Erscheinung, mit einer Strömung zu thun habe, die möglicherweise nach einigen Decennien wieder nachlassen dürfte, oder mit einem dauernden unabänderlichen Umschwunge: da ja auch im ersteren Falle es sich Niemand beifallen lassen könnte, seinem eigenen Lande das hartnäckige Festhalten an der Silberwährung zu empfehlen und sich inzwischen, bis nämlich der ersehnte neuerliche Umschwung eintritt, mit einem unbrauchbar gewordenen Gelde zu behelfen. Indessen kann es doch nicht schaden, zu zeigen, dass die Goldwährung für einen europäischen Staat nicht blos ein Gebot äusserer Nothwendigkeit sei, erzwungen durch den Umstand, dass alle anderen Staaten entweder die alleinige Goldwährung bereits acceptirt haben, oder doch die unverkennbare Tendenz verfolgen, sich ihr zuzuwenden — dass vielmehr auch aus inneren Gründen diese Einheit des Geldwesens auf Grund der Goldwährung für alle Verkehrsgebiete abendländischer Cultur sich empfehle, dass sie angestrebt werden müsste, selbst wenn jener Umwandlungsprocess im Geldwesen, der sich im Augenblicke thatsächlich vollzieht, nicht bereits im Zuge wäre.

Die Sympathie für das Silber trotz des so offenbar hervortretenden Unwillens aller civilisirten Völker, dasselbe noch länger als Währungsmetall zu behalten, ist häufig als das Bestreben unbefangener Praktiker ausgegeben worden, den abstracten Umsturzideen unpraktischer Theoretiker entgegenzutreten. In Wahrheit verhält sich die Sache aber umgekehrt: es kann nichts Unpraktischeres, mit den Anforderungen der Wirklichkeit in ausgesprochenerem Widerspruche Befindliches geben, als diesen Kampf für die Beibehaltung eines vom Verkehre verworfenen Münzmetalls; es sind auch gar nicht die Praktiker, die sich für diesen Kampf in erster Reihe begeistert haben, sondern Theoretiker, deren mit den augenscheinlichsten Forderungen des reellen Lebens in so schreiendem Widerspruche stehende Ideen deshalb um nichts praktischer werden, weil sie statt auf richtigen, auf falschen Theorien aufgebaut sind. Umgekehrt hat die zur reinen Goldwährung führende Bewegung ihren Ausgangspunkt gar nicht von der Theorie genommen; das praktische Leben war es, welches zuerst die Theoretiker auf die Nothwendigkeit des Ueberganges aufmerksam machte, die Praxis hat das Silber als Währungsmetall in Acht und Bann erklärt: wer darüber im Zweifel sein sollte, der studire jene Erscheinungen, die sich gerade während der letzten Monate im Geldumlaufe der nordamerikanischen Union und Oesterreichs so augenfällig geltend machten und für die sich auch in anderen Verkehrsgebieten Analoga auffinden lassen. In Amerika und in Oesterreich wurde der Versuch gemacht, grobe Silbermünze in Umlauf zu bringen: die Bevölkerung weigerte sich aber hartnäckig dieselben anzunehmen, alle Geldinstitute trafen Vorkehrungen, sich das Silber vom Leibe zu halten, und diese Abneigung des Publicums gegen Silberstücke erwies sich als so stark und mächtig, dass denselben sogar Papiergeld vorgezogen wurde, trotz all der traurigen Erfahrungen, die gerade die Bevölkerung der beiden genannten Staaten mit ihren Papiergeldzeichen während der letzten Jahre gemacht hatte. Es ist dabei selbstverständlich, dass sich das österreichische Publicum ebenso gut als das jedes anderen Landes das Silber als Kleinmünze wird gefallen lassen, wenn durch Einziehung der kleinen Noten dafür Raum geschaffen wird: das aber hat mit einer Untersuchung über die Erfordernisse der Währungsmetalle ebensowenig zu thun als die Thatsache, dass Kupfermünzen im kleinen Verkehre circuliren, zu Gunsten einer Kupferwährung gedeutet werden kann. Auch in Frankreich zeigt das Silber die unverkennbare Tendenz, sich aus dem Verkehre zurückzuziehen und an jene Cassen zu strömen, die aus gesetzlichen Gründen verhindert sind, diesen unliebsamen Strom von sich abzulenken. Die Bank von Frankreich, deren Metallschatz mit Ende des Jahres 1870 zu mehr als 86 Perc. aus Gold und zu nicht ganz 14 Perc. aus Silber bestand, und die noch Ende 1876 1530 Millionen, d. i. 70 Perc. Gold und gegen 638 Millionen, d. i. 30 Perc. Silber besass, hatte Ende 1878 nur mehr 983 Millionen oder 48 Perc. Gold und 1058 Millionen oder 52 Perc. Silber. Das Verhältniss hat sich so gründlich geändert, trotzdem die Silberprägungen in Frankreich seit 1876 gänzlich eingestellt sind. Glaubt man nun wirklich, dass der österreichische, amerikanische oder französische Krämer sich weigert Silber anzunehmen oder sich doch zum mindesten beeilt, dasselbe so rasch als möglich abzustossen, weil theoretische Gründe ihn dazu verführten? Die Mehrzahl dieser guten Leute dürfte von der Existenz eines theoretischen Streites über Gold- und Silberwährung wahrscheinlich gar nichts wissen und sich am allerwenigsten anmassen, in dieser Streitfrage auf eigene Faust Partei zu ergreifen und sich ein selbstständiges Urtheil zu bilden. Diese Leute haben eine Abneigung gegen die Silbermünze ganz offenbar nur aus dem Grunde, weil sie jenen Anforderungen nicht entspricht, die sie an die Geldsorten, welche ihnen angenehm und wünschenswerth erscheinen sollen, stellen zu müssen glauben. Sie lassen sich dabei von keinerlei theoretischen Anwandlungen, sondern lediglich von ihren praktischen Bedürfnissen bestimmen. Nichtsdestoweniger harmonirt allerdings das, was diese Krämer vom Gelde verlangen, auf's vollständigste mit der wohlverstandenen richtigen Theorie des Geldwesens. Und dies ist anders gar nicht möglich: denn damit eine Theorie richtig sei, muss sie der Wirklichkeit abgelauscht sein: der Krämer weiss zwar nichts von der Theorie, wohl aber muss eine gute Geldtheorie wissen, was der Krämer vom Gelde will: sie muss es nicht blos wissen, sondern sich auch darnach richten, und thut sie das nicht, so sinkt sie auf das Niveau müssiger Principienreiterei hinab.

Was ist es also, was der Krämer und mit ihm Jedermann, der mit Geld umzugehen hat, von einer Währungsmünze fordert und bei der Silbermünze nicht mehr findet? Die Bequemlichkeit und Handsamkeit. Es gibt Volkswirthe, die sich ein Münzwesen nach ihrer Phantasie construiren und dann ausser sich gerathen, wenn die Welt von diesen Phantasien nichts wissen will, ja die sich sogar herausnehmen, die Welt unpraktischer Phantasterei zu beschuldigen, weil sie unpraktischer Phantasterei willen den Boden des praktischen Bedürfnisses nicht verlassen will. Man kann ein Nahrungsmittel empfehlen, auch wenn mit dem Gebrauche desselben vielerlei Unbequemlichkeiten verbunden sind, denn seine Nahrhaftigkeit, sein Wohlgeschmack können diese Unbequemlichkeit im Gebrauche reichlich vergelten; ebenso kann ein Kleidungsstück vielleicht sehr unbequem, trotzdem aber wegen seiner Schönheit, wegen der Wärme, die es spendet, unter Umständen höchst empfehlenswerth sein; und noch bei einer Reihe anderer Güter ist es denkbar, dass trotz grosser Unbequemlichkeit ein anderweitiger Vorzug deren Beibehaltung im menschlichen Gebrauche unerlässlich macht. Die Beibehaltung eines unbequem gewordenen Geldes zu empfehlen läuft jedoch auf dasselbe hinaus, als wenn man ein Nahrungsmittel empfehlen wollte, das ungeniessbar ist, ein Kleidungsstück, das nicht getragen werden kann. Denn der Zweck des Geldes ist es, der Bequemlichkeit des Güteraustausches zu dienen, und hat es die Eignung für diesen Zweck verloren, so ist es absolut zwecklos.

Es ist kein blosser Zufall, dass alle civilisirten Staaten gerade die Edelmetalle zu Geldzwecken verwenden; vielmehr geschieht dies, weil diese Metalle allein im höchsten Grade die folgenden, im modernen Verkehre als unerlässlich betrachteten Eigenschaften eines guten Geldes besitzen; sie sind unzerstörbar, dem Verderben nicht ausgesetzt und ermöglichen daher die Aufbewahrung von Capital in ganz ausgezeichneter Weise; vermöge dieser Dauerbarkeit konnte der Vorrath an Edelmetallen im Verlaufe von Jahrhunderten und Jahrtausenden vollständiger aufgestapelt werden, als der irgend eines anderen Gutes, es ist folglich der von Jahr zu Jahr durch die fortlaufende Production neu hinzukommende Vorrath im Verhältniss zum alten Bestande relativ geringfügig und — das ist das zweite Erforderniss, welches an ein gutes Geld gestellt werden muss — der Werth der Edelmetalle hängt daher weniger von den Schwankungen der Production ab, als der einer andern Waare. Die dritte Eigenschaft, der die Edelmetalle ihre Eignung zu Geldzwecken verdanken, ist ihr relativ hoher Werth, der es ermöglicht, durch ihre Vermittlung bedentende Capitalien mit geringer Mühe und geringen Kosten aufzubewahren und zu transportiren.

Nur diesen drei Hauptqualitäten in Verbindung mit einigen technischen Vorzügen mehr untergeordneter Natur verdanken es die Edelmetalle, Gold und Silber, dass gerade sie von den civilisirten Nationen zu Geldstoffen gewählt wurden. In der That fiel diese Wahl nur insoweit auf sie, als nach den jeweiligen Bedürfnissen der menschlichen Gesellschaft diese Eigenschaften als Vorzüge erkannt wurden. Denn man darf nicht übersehen, dass insbesondere die letztere Qualität, nämlich der hohe Werth, eine relative Grösse ist; es gab eine Zeit, wo Gold und Silber zu kostbar waren, d. h. wo man selbst für kleine Quantitäten Edelmetalls so viel an Gütern anderer Art eintauschen konnte, dass zur Bewältigung der im alltäglichen Verkehre vorkommenden kleinen Tauschgeschäfte Edelmetallstückchen hätten gewählt werden müssen so kleiner, winziger Art, dass ihre Handhabung sowohl als ihre Prüfung auf Feinheit und Gewicht äusserst unbequem gewesen wäre. Und so dienten denn bei allen Völkern, bei denen dieses Verhältniss zutraf — und das war überall dort der Fall, wo sowohl die Bedürfnisse äusserst mässig, als auch die Edelmetallvorräthe überaus geringfügig waren — nicht Gold und Silber, sondern andere Werthgegenstände, in den meisten Fällen Bronze oder Kupfer, als allgemeine Tauschvermittler, d. h. als Geld. Erst in einem späteren Zustande der Cultur, als einerseits die Bedürfnisse stiegen, andererseits die Edelmetalle, die bis dahin nur zu Zwecken des Prunkes und des Schmuckes gedient hatten, häufiger wurden, verliess man das Kupfergeld und wählte ein Edelmetall zu Münzzwecken — naturgemäss zuerst das billigere, minder kostbare, nämlich das Silber. Es ist also durchaus absurd, von einer Prädestination der Edelmetalle zu Münzzwecken zu sprechen, wie dies einzelne Anhänger der Doppel- und Silberwährung so gerne thun, denn die Menschheit hat Jahrtausende lang bestanden und erhebliche Fortschritte in Gesittung und Cultur gemacht, ohne auch nur auf den Gedanken zu verfallen, dass Gold und Silber zu Münzzwecken geeignet wären; es gab dann eine lange, Jahrtausende währende Zeit, in der nur das Silber Währungsmetall war und das Gold entweder gar nicht, oder höchstens ausnahmsweise bei besonders grossartigen Anlässen als Tauschvermittler benützt wurde.

Jetzt aber vollzieht sich eine neuerliche Wandlung: die Bedürfnisssphäre unter den civilisirten Nationen ist in einem solchen Masse gestiegen, und gleichzeitig ist die Tauschkraft der Edelmetalle — des Goldes sowohl als des Silbers — in Folge der stetigen Zunahme des Vorrathes an beiden so sehr gesunken, dass sich mit dem Silber derselbe Process vollzieht, der in früheren Epochen der Cultur am Kupfer zu beobachten war, dass es nämlich zu wohlfeil, zu schwerfällig, zu unbequem für den Geldverkehr geworden ist. 1000 Silbergulden wiegen allerdings heute wie vor 50 Jahren nicht mehr als $22^1/_4$ Pfund; aber mit diesen $22^1/_4$ Pfund konnten unsere Grossväter die Bedürfnisse eines Jahres decken, während wir, ihre Enkel, falls wir uns in derselben äusseren Lebensstellung befinden, wie unsere betreffenden Vorfahren vor 50 Jahren, vielleicht keine zwei Monate mit derselben Summe das Auslangen finden; es sind nämlich nicht blos die Preise der wichtigsten Gebrauchsartikel zwei-, dreifach höher geworden, es haben sich vielmehr gleichzeitig auch unsere Bedürfnisse verdoppelt und verdreifacht. Man mag nun diese Thatsache beklagen oder für erfreulich halten — hinwegleugnen lässt sie sich nicht und die Folge davon ist, dass das Silberstück, welches in den Augen unserer Voreltern noch eine recht handsame und bequeme Münze war, in unseren Augen, oder richtiger gesprochen in unseren Taschen unbequem und lästig erscheint.

Gilt dies nun schon für unsere heimischen Verhältnisse, um wie viel mehr muss sich die nämliche Erscheinung im Verkehre der an Wohlstand vorgeschritteneren westeuropäischen Staaten geltend machen. Es ist kein Zufall, dass der reichste europäische Staat, England, zuerst die Goldwährung annahm, und ebensowenig war es blosse Laune, dass der zweitreichste Staat, Frankreich, um der Belästigung durch die ausschliessliche Silbercirculation zu entgehen, auf das verfehlte Experiment der Doppelwährung verfiel. Das Problem der Goldwährung in seiner Allgemeinheit ist auch gar nicht so neuen Datums oder vollends erst durch die deutsche Münzreform auf die Tagesordnung gesetzt. Schon Jahrzehnte zuvor ging die Unzufriedenheit mit den bestehenden Münzzuständen deutlich erkennbar durch die Gesetzgebungen aller civilisirten Staaten; man erinnere sich nur an die verschiedenen Experimente, an die Münzcongresse und Conventionen, die alle deutliche Symptome des bestehenden Unbehagens sind. Wenn radicale Massregeln lange Zeit vermieden wurden, so hat dies einen doppelten Grund: erstens befand man sich noch vor wenigen Decennien in einem Zwitterstadium; das Silber war zwar zu schwerfällig, das Gold aber noch immer zu kostbar, und der Sprung zu dem mehr als 15 fach tauschkräftigeren gelben Edelmetalle wäre daher damals für die meisten europäischen Staaten noch mit mancherlei Inconvenienzen verbunden gewesen, die vielleicht nicht minder bedenklich sein mochten, als das Beharren bei dem Silber. Der zweite Grund liegt darin, dass mit Ausnahme Deutschlands und Hollands keiner von den vorgeschritteneren europäischen Staaten im Besitze einer thatsächlichen Silbercirculation war, und also der Papiergeldumlauf die Inconvenienzen der Silberwährung verdeckte. Was speciell Deutschland anlangt, so ist dort das Ringen nach der Goldwährung Decennien alt, und nur die staatliche Zerrissenheit war das Hinderniss einer thatsächlichen Reform, die denn sofort in Angriff genommen wurde, sowie die politische Einigung erzielt war.

Dies also sind die Gründe, warum der Krämer den Silbergulden nicht nehmen will. Es soll dabei gar nicht geleugnet werden, dass für einzelne europäische Staaten — und unter diesen mag sich vielleicht gerade Oesterreich befinden — dieses Moment der Unbequemlichkeit des Silbergeldes, für sich allein betrachtet, noch nicht so zwingender Natur wäre, um unter allen Umständen einen Währungswechsel zur unabweislichen Nothwendigkeit zu machen; zwar dass das Silber zu schwerfällig geworden und daher wirklich unbequem ist, kann einer Discussion gar nicht unterliegen, schon aus dem Grunde nich, weil ja darüber der Verkehr thatsächlich entschieden hat und der Theorie nichts anderes übrig bleibt, als diese Entscheidung der Praxis zu registriren und zu erklären; aber damit ist noch nicht bewiesen, dass das Gold nicht ebenfalls seine Inconvenienzen haben wird. d. h./es ist möglich, dass für den österreichischen Verkehr Silber zwar nicht mehr kostspielig genug, dafür aber das Gold noch immer zu kostspielig ist. Ist dem so, so wird die Folge davon im Falle des Ueberganges zur Goldwährung ein sehr bedeutender Umlauf an silberner Scheidemünze neben der goldenen Währungsmünze sein, und das hat Unzukömmlichkeiten im Gefolge, die keineswegs unterschätzt werden dürfen. Aber schon hier muss constatirt werden, dass diese Unzukömmlichkeiten theoretischer Natur sind, nur unter gewissen Voraussetzungen in die Erscheinung treten und sich in regelmässigen Zeitläuften im Verkehre gar nicht fühlbar machen; während umgekehrt, wie Erfahrung lehrt, die Unzukömmlichkeit des allzu schwerfälligen, weil allzu wohlfeilen weissen Währungsmetalls für den Verkehr geradezu unleidlich ist. Indessen könnte man trotz alledem ein längeres Zaudern mit dem vom Verkehre in so augenscheinlicher Weise geforderten Währungswechsel immer noch begreiflich finden, wenn Oesterreich eben ein isolirtes, von den anderen europäischen Staaten durchaus unabhängiges und losgelöstes Verkehrsgebiet wäre, und wenn es insbesondere als gleichgiltig für das österreichische Geldwesen betrachtet werden könnte, auf welchen Grundlagen das Geldwesen der anderen Nachbarstaaten aufgebaut ist. Dem ist aber nicht so: das Geldwesen der anderen europäischen Staaten ist von ausschlaggebender Bedeutung für jeden Einzel-Staat und folglich auch für Oesterreich: mit dem Momente, wo ganz Europa die Silberwährung verlassen hat, ist das Beharren auf derselben für Oesterreich schlechterdings zur Unmöglichkeit geworden, denn von diesem Momente an tritt zu der bereits vorhandenen Unbequemlichkeit des Silbergeldes auch noch der weitaus wichtigere Umstand, dass das österreichische Silbergeld vermöge seiner Isolirung aufgehört hat, ein stabiler Werthmesser zu sein, dass es also die zweite Cardinaleigenschaft jedes brauchbaren Geldes, nämlich die relative Werthconstanz verloren hat. Es bleibt ihm dann von den drei Cardinaltugenden des Geldes nur noch eine, nämlich die der stofflichen Dauerbarkeit, und diese allein genügt nicht, um den Anforderungen, die an ein brauchbares Geld nothwendigerweise gestellt werden müssen, auch nur im entferntesten zu entsprechen.

Wenn man die Sache in abstracto betrachtet, so lässt sich allerdings nicht mit Sicherheit entscheiden, ob bei jenen Werthschwankungen, die zwischen Gold und Silber beobachtet werden, das Gold oder das Silber in höherem Masse seinen Werth verändert. Die Course auf dem Londoner Edelmetallmarkte wissen allerdings blos von Werthschwankungen des Silbers zu berichten; aber das entscheidet theoretisch die Sache nicht, da es ja recht gut möglich wäre, dass man in London für das nämliche Gewichtsquantum Goldes blos aus dem Grunde an dem einen Tage mehr, an dem anderen weniger Silber erhält, weil die Kaufkraft des Goldes gestiegen oder gefallen ist, während die Kaufkraft des Silbers, für sich betrachtet, unverändert bleiben könnte. Aber diese Subtilität ist für die praktische Entscheidung der Frage ganz und gar irrelevant: da man in ganz Europa das Gold als den Werthmesser betrachtet, so ist selbst für den Fall, als der Preis des Silbers thatsächlich blos deshalb schwanken sollte, weil der Werthmesser selber in's Schwanken gerathen ist, der praktische Effect für alle europäischen Verkehrsgebiete doch der, dass jede Coursveränderung auf dem Londoner Edelmetallmarkte als eine Werthschwankung des Silbers empfunden wird. Für den internationalen Handel ganz Europa's kann dies nicht zweifelhaft sein, denn darüber geben uns die Schwankungen der Wechselcourse allzu unzweideutige Aufklärungen. Niemand wird behaupten, dass die Valuta der anderen europäischen Staaten, welche die Goldwährung besitzen, in's Schwanken gerathen, die österreichische Silbervaluta dagegen fest geblieben sei, wenn die Course sämmtlicher europäischer Devisen an der Wiener Börse steigen oder fallen und ebenso die Wiener Wechselcourse an allen europäischen Börsen auf- und niedersteigen. Aber selbst für den internen Verkehr wäre der Effect genau der nämliche. Gleichwie unter der Herrschaft der Zettelwirthschaft die Preise im Innern durch die Schwankungen der Wechselcourse beeinflusst werden, ebenso müsste dies auch bei der Silberwährung der Fall sein. Es wird Niemand im Ernste bezweifeln, dass der Preis des Weizens in Oesterreich-Ungarn steigen muss, wenn die fremden Wechselcourse an der Wiener Börse steigen, da ja in diesem Falle der Preis, den man für den inländischen Weizen in ausländischem Gelde erhält, in österreichisches Geld umgerechnet ein höherer geworden ist; und dass umgekehrt im Falle eines Sinkens der fremden Wechselcourse an der Wiener Börse der Preis des Weizens und ebenso der

Preis aller anderen Exportartikel im Inlande sinken muss, weil ja der im Auslande dafür zu erlangende Goldbetrag, in Silber umgerechnet, ein niedriger geworden ist. Das nämliche gilt umgekehrt für die Importartikel; die aus dem Auslande bezogenen Waaren werden theurer sein bei hohem Stande und billiger bei mässigem Stande der fremden Wechselcourse. Alles das wird dann zur Folge haben, dass nicht blos der Aussenhandel des Silberlandes ganz wie unter der Papierwirthschaft abhängig sein wird von den unberechenbaren Valutaschwankungen, sondern dass auch die inländische Production, der inländische Handel, sich jeden Augenblick von der Laune des Londoner Silbermarktes abhängig sehen wird. Mit einem Worte, es wird dem Handel, der Industrie, der Landwirthschaft unter der Herrschaft der Silberwährung gerade so an jeder soliden, verlässlichen Basis fehlen, wie unter der Herrschaft der Papierwährung.

Man unterschätzt in der Regel die verderbliche Wirkung eines derartigen Zustandes; ja es gibt Viele, die geradezu glauben, es sei ein Vortheil für die heimische Production, wenn die Valuta schwankend bleibe. Diese Ansicht beruht ganz einfach auf einem Uebersehen der Thatsache, dass bei schwankender Valuta die Werthdifferenz des in- und ausländischen Geldes, das sogenannte Agio, nicht blos steigen, sondern auch fallen kann, und dass daher nothwendigerweise auf eine Epoche erschwerten Importes und gesteigerten Exportes wieder Zeitabschnitte erschwerten Exportes und erleichterten Importes folgen u. z. nicht blos im Verhältniss zu den Perioden steigenden Agios, sondern auch im Verhältniss zu jenem Zustande, wie er sich bei stabiler Valuta etabliren würde. Das schwankende Geldwesen befördert also allerdings eine Zeit lang gewisse Productionen, indem es ihnen einen künstlichen Schutz gegen die fremde Concurrenz gewährt; aber diese Periode des Schutzes wird regelmässig abgelöst durch

Perioden ebenso künstlicher und gewaltsamer Benachtheiligung, in denen der Rückgang des Agios die ausländische Concurrenz über jenes Mass hinaus steigert, welches bei stabilem Geldwesen jemals zu befürchten gewesen wäre. Und so sehen wir denn in der That, dass eine schwankende Valuta zahlreiche Productionsarten abwechselnd befördert und zur Ausdehnung des Betriebes verleitet, um sie dann mit doppelter Wucht niederzudrücken und an den Rand des Ruines zu bringen.

Aber ganz abgesehen von dieser Rückwirkung auf die inländische Production bringt die Isolirung des Geldwesens auch immerwährende, bei jeder Conjunctur gleichbleibende Verluste im Aussenhandel und in allen Verkehrsbeziehungen mit dem Auslande mit sich. Der Preisabstand zwischen inländischem und ausländischem Gelde mag steigen oder fallen, so wird jeder Geschäftsmann, er mag nun mit Waaren oder mit Werthpapieren Handel treiben, im Verkehre mit dem Auslande sich genöthigt sehen, eine Art Strafgeld zu bezahlen, das ihn dauernd in Nachtheil setzt gegen alle ausländischen Concurrenten. Und diese an das Ausland zu entrichtende Prämie hat einen doppelten Ursprung. Vor Allem muss eine Wechslergebühr entrichtet werden zu dem Zwecke, um das Geld des fraglichen, mit isolirter Währung behafteten Landes gegen Weltgeld umzusetzen. Zwischen Ländern mit gleicher Währung ist eine solche Umwechslung überflüssig, sie vollzieht sich ganz von selbst im Verhältniss des Feingehaltes der beiderseitigen Münzsorten. Der Engländer, der in Frankreich Waaren kauft und dieselben in Sovereigns bezahlt, berechnet ganz einfach, wie viel Goldfranken dem Gewichte nach auf seinen Sovereign gehen, und seine Münze wird ihm dem entsprechend zum vollen Nennwerthe angenommen werden; er kann mit dem Gewichtspfunde Goldes in Frankreich ebensoviel kaufen als in England, und im schlimmsten

Falle wird er bei einer solchen Transaction Transport- und Münzspesen verlieren. Das nämliche ist der Fall, wenn er in Frankreich verkauft, denn die Goldfranken, die er erhält, verlieren, wenn er sie nach Hause bringt, nichts an Werth: das Münzpfund Goldes, zu französischer Münze geprägt, ist in der Regel so viel werth, als das nämliche Münzpfund Goldes in englischer Münze, und im schlimmsten Falle sind auch hier nur die Transport- und Münzspesen in Abrechnung zu bringen. Anders im Verkehre zwischen einem Gold- und einem Silberlande. Wenn der Oesterreicher in England Waaren oder Werthpapiere verkauft, so erhält er nicht Geld, sondern eine Waare, deren Umrechnung in österreichische Währung Silber keine so einfache Sache ist, die vielmehr erst verkauft werden muss, um zu österreichischem Gelde zu werden; ebenso kann der Oesterreicher, wenn er in England Waaren kaufen will, dort nicht mit seinem Gelde zahlen; zwischen Silbergulden und Sovereigns besteht kein fixes Werthverhältniss, die ersteren müssen zuvor verkauft und gegen Goldgeld umgesetzt werden, bevor sie Kaufkraft in England erlangen, und es ist selbstverständlich, dass dieser Kauf und Verkauf ohne, wenn auch noch so geringfügige Opfer nicht möglich ist. Und diese Verluste hat immer der Schwächere zu tragen, d. h. derjenige, dessen Geldwesen das isolirte ist. Denn es liegt kein Grund vor, warum der Engländer die Umwechslungsgebühr auf sich nehmen sollte, da er ja die nämliche Waare in ganz Europa, nämlich in allen Goldländern ohne solche Umwechslungsgebühr kaufen und verkaufen kann, und ebenso ist kein Grund vorhanden, warum der Oesterreicher sich weigern sollte, die Umwechslungsgebühr dem Engländer gegenüber auf sich zu nehmen, da er ja in allen europäischen Goldländern dasselbe thun müsste.

Zu diesen Verlusten, die selbst bei jenen Geschäften stattfinden, die prompt abgewickelt werden, d. h. wo Kauf und Zahlung zusammenfallen, treten aber die noch viel empfindlicheren Einbussen bei allen Termingeschäften, die daraus entstehen, dass der ausländische Käufer oder Verkäufer eine Sicherstellung verlangt gegen die möglichen Consequenzen der Valutaschwankungen des Landes mit isolirter Währung. Der Engländer, der in Oesterreich Waaren für 1000 Pf. Sterling kauft, die in Deutschland für 20.000 Mark, in Frankreich für 25.000 Francs zu erlangen wären, wird dem Oesterreicher von den 10.000 Gulden (es ist hier von den kleinen Münzverschiedenheiten abgesehen und das Pfund Sterling einfach gleich 20 Mark, gleich 25 Francs, gleich 10 Gulden gesetzt worden), die er ihm bieten würde, falls hier die Goldwährung bestände, nicht blos jenen Betrag abziehen, der nothwendig ist, um die Umwechslung des englischen Goldes in österreichisches Silber zu vollziehen; er wird, falls er sich zur Zahlung in österreichischem Gelde auf längere Zeit verpflichten soll, noch einen neuen Nachlass vom Preise fordern, weil ja möglicherweise in der Zwischenzeit bis zum Zahlungstermine österreichische Silbergulden im Preise gegen Pfund Sterling steigen können, und dieser letztere Abzug wird unter Umständen sehr bedeutend sein. Vollends erdrückend aber gestaltet sich diese letztere Prämie, wenn es sich um Geschäfte mit sehr langer Laufzeit handelt, also beispielsweise um die Contrahirung von Schulden im Auslande. Hier wird die Assecuranz, die der Ausländer dafür verlangt, dass er auf Jahre hinaus Zahlung in Silber nehmen soll, so gross sein, dass sich das Land mit isolirter Währung factisch gezwungen sieht, alle seine Schulden in ausländischer Währung zu contrahiren. Das hat nun erstens zur Folge, dass der Schuldner genöthigt ist, eine Valutaspeculation einzugehen, die seinen Wünschen durchaus nicht entspricht und sich mit solider Gebahrung auch schlechterdings nicht vereinigen lässt, und dass er zweitens trotzdem den oben erwähnten Verlusten aus der Umwechslung seiner heimischen Valuta gegen die ausländische nicht entgeht, denn bei jedem Zinsentermine sowohl als bei dem schliesslichen Fälligkeitstermine muss er auf dem Goldmarkte erscheinen, um dort gegen sein Baargeld, das aber leider im Auslande kein Gold ist, die Deckung erst einhandeln, was eben ohne Verluste nicht möglich ist, da ja die Wechslergeschäfte und die internationale Arbitrage nicht um der schönen Augen der österreichischen Schuldner willen im Betriebe sind, sondern einen Nutzen haben wollen, der eben von uns bezahlt werden muss.

Man berechne nun die Gesammtsummen all' dieser kleinen Verluste bei dem Milliarden umfassenden Gesammtverkehre der österreichisch-ungarischen Monarchie mit dem Auslande und man wird finden, dass die Einbussen aus diesem Titel, ganz abgesehen von der bereits früher erwähnten Störung und Unsicherheit der Gesammtproduction, gross genug sind, um die ausserordentlichsten Opfer zur Herstellung der Münzeinheit mit dem übrigen Europa zu rechtfertigen.

Gerade die österreichisch-ungarische Monarchie befindet sich aber in der glücklichen Lage, diese Währungseinheit ohne irgendwie nennenswerthe Opfer herstellen zu können. Die Beseitigung des Papierumlaufs wäre allerdings eine kostspielige Sache; aber deren Kosten bleiben die nämlichen, gleichviel ob man bei diesem Anlasse die Silberwährung oder die Goldwährung einführt. Der Irrthum, dass die Einführung der Goldwährung kostspieliger sei, konnte nur dadurch entstehen, dass man nicht bedachte, wie der Uebergang zur Goldwährung in anderer Weise gar nicht geschehen könne als indem man für den Silbergulden oder für seinen Repräsentanten, den österreichischen Papiergulden genau so viel Gold bietet, als nach der augenblicklichen Marktlage dafür auf offenem Markte zu erlangen ist.⟩ Allerdings wenn man für die im Umlauf befindlichen 300 Millionen Gulden Staatsnoten 37,500.000 sogenannter Acht-Guldenstücke, d. i. 750 Millionen Goldfranken bieten müsste, dann wäre dies mit einem Opfer von 50 bis 60 Millionen Gulden verbunden, um welche diese 750 Millionen Goldfranken mehr werth sind, als die 300 Millionen Silbergulden: aber gerade da sie um so viel mehr werth sind, ist es nicht blos überflüssig, sondern geradezu unmöglich, den Uebergang in dieser Weise zu vollziehen, unmöglich aus dem Grunde, weil man ja in diesem Falle auch allen Privatschuldnern, die Silbergulden zu zahlen haben, die Verpflichtung auferlegen müsste, ihren Gläubigern nach vollzogenem Währungswechsel um 18 bis 20 Percent mehr zu entrichten, als wozu sie sich verpflichtet haben. Stünde die Sache so, dann wäre es Wahnsinn, von einem Währungswechsel überhaupt nur zu sprechen, dann wäre für keinen Staat, der heute noch die Silberwährung besitzt, jemals auch nur die geringste Möglichkeit geboten, zur Goldwährung überzugehen. Dem ist jedoch nicht so: es gilt vielmehr in Theorie und Praxis allgemein als Grundsatz und entspricht auch auf's vollkommenste allen Anforderungen der Gerechtigkeit, dass der Uebergang von einem Währungsmetall zu dem anderen auf Basis der geltenden Marktrelation sich vollziehe: man wird also für die 300 Millionen österreichischer Papiergulden nicht viel mehr als 600 Millionen Goldfranken zu entrichten haben, und diese 600 Millionen Goldfranken werden wir auf dem Geldmarkte nicht blos zu den nämlichen, sondern sogar zu billigeren Bedingungen, also gegen eine mässigere Belastung erhalten, als die 300 Millionen Silber, die wir aufnehmen müssten, wenn wir die Valuta auf Basis der Silberwährung herstellen wollten.

Indess, wie die Dinge heute liegen, ist keine Hoffnung vorhanden, dass man sobald an die Aufnahme eines derartigen

Anlehens, sei es in Gold oder in Silber, zur Einziehung der Staatsnoten denken könnte.

Folgt nun daraus, dass Oesterreich-Ungarn den Krebsschaden der isolirten Währung noch eine endlose Reihe von Jahren hindurch mit sich fortschleppen müsse? Es wäre zum verzweifeln, wenn diese Frage bejaht werden müsste. Zum Glück ist dies nicht der Fall: es gibt Mittel und Wege, das hauptsächlichste und acuteste Uebel, unter dem die österreichische Geldwirthschaft derzeit leidet, zu beseitigen, ohne sich zu radicalen, mit bedeutender Anspannung des Credits verbundenen Massregeln entschliessen zu müssen.

Der abnorme Preisrückgang des Silbers hat nämlich gerade für die österreichischen Geldverhältnisse einen Vortheil im Gefolge gehabt, der, geschickt ausgenützt, von der unabsehbarsten wohlthätigen Tragweite werden könnte. Derselbe Preisrückgang des Silbers, der dem österreichischen Credite so empfindliche Wunden geschlagen, seinen gesammten Handel in so unabsehbare Schwankungen versetzt hat, bewirkte nämlich, dass der Preisabstand zwischen dem österreichischen Papiergelde und dem Silbergelde, also das eigentliche österreichische Notendisagio vollständig verschwand. Wieso das kam, ist nicht schwer zu begreifen, wenn man sich den Grundsatz vor Augen hält, dass der gesammte Circulationsmittelvorrath eines jeden Landes einen Werth repräsentirt, der zwar je nach dem augenblicklichen Bedürfnisse des Verkehrs bedeutenden Schwankungen unterworfen ist, der aber von aussen und überhaupt aus anderen Gründen willkürlich weder erhöht noch ermässigt werden kann; denn dafür, dass in jedem Augenblicke genau jene Geldsumme im Verkehre sei, deren Tauschkraft dem jeweiligen Bedürfnisse entspricht, sorgt der Verkehr auf's beste selber. In Ländern mit Metallcirculation geschieht dies dadurch, dass bei einem Rückgange des Verkehrsbedürfnisses der Ueberfluss an Geldzeichen in das Ausland abströmt und umgekehrt bei einer Steigerung des inneren Verkehrsbedürfnisses der erforderliche Zuschuss vom Auslande hereinströmt; in Ländern mit Papiercirculation vollzieht sich dies dadurch, dass der innere Werth, die Tauschkraft der papierenen Geldzeichen sinkt oder steigt, je nachdem das Geldbedürfniss sinkt oder steigt. Dies ist der Grund, warum in Zeiten steigenden Geldbedarfes (nebenbei bemerkt muss dieser steigende Geldbedarf nicht immer durch eine Steigerung der Geschäftsthätigkeit hervorgerufen werden; er kann vielmehr auch die Folge einer gestörten Function des Credits sein, wodurch Jedermann genöthigt wird, mehr an baarem Gelde zu halten, als sonst üblich ist), dass also in Zeiten steigenden Geldbedarfs das Disagio der Noten zu sinken pflegt, und dass umgekehrt, wenn die Geschäfte zurückgehen, das Disagio der Noten steigt. Das alles geschieht unter der Voraussetzung, dass das Metallgeld, an welchem der Werth der Noten gemessen wird, seinen Werth unverändert beibehält. Nun ist während der letzten Jahre der Werth, die Tauschkraft dieses metallischen Gradmessers der österreichischen Geldzeichen selber gesunken: die Elle ist kürzer geworden, mit der unsere Geldzeichen gemessen werden, es musste also naturgemäss bei sonst gleichbleibenden Verhältnissen die Anzahl der Ellen grösser erscheinen. Dieselben 700 Millionen Gulden österreichischer Noten, die bei einem Preisstande des Silbers von 61 Pence per Standardunze ein Agio von 15 Percent hatten und folglich soviel werth waren, als 595 Millionen Silbergulden, mussten — unter der Voraussetzung, dass der österreichische Verkehr eines Circulationsmittelbestandes mit der Kaufkraft von 595 Millionen früherer vollwerthiger Silbergulden bedurfte — 700 Millionen Silbergulden werth werden, in dem Augenblicke, wo die Kaufkraft der Silbergulden selber um 15 Percent gesunken war und folglich 700 Millionen Silbergulden nicht mehr Kaufkraft besassen, als früher 595 Millionen der nämlichen Silbergulden. Hätten wir eine factische Silbercirculation gehabt, so wäre in Folge der Verringerung des Silberwerthes Silbergeld nach Oesterreich geflossen bis zu dem Betrage, dass die nunmehr vermehrte Stückzahl der entwertheten Silbergulden soviel Kaufkraft besessen hätte, als der frühere Vorrath minder zahlreicher, dafür aber höherwerthiger Silbergulden. Im Zustande der Papiercirculation war diese Art der Ausgleichung im Wege der internationalen Zahlungsbilanz unmöglich, und derselbe Effect wurde, wie bereits erwähnt, erzielt durch die Erhöhung des inneren Werthes der Geldzeichen.

Nun hat sich aber das Silber nicht blos um jenen Percentsatz im Werthe vermindert, um welchen früher die österreichische Papiercirculation unter dem Paristande war, sondern noch um ein Beträchtliches darüber hinaus. Die Folge davon ist, dass mit der Herstellung des Paristandes zwischen Silber und Papier dem österreichischen Verkehrsbedürfnisse noch nicht vollgenügt ist, indem vermöge der verringerten Tauschkraft des Silbers selbst die vollständige Gleichstellung der Papiercirculation mit einer Silbercirculation immer noch eine Lücke im Verkehrsbedürfnisse übrig lässt. Mit dem Momente, wo dies eintritt, kann man die Valuta, wenn auch vorübergehend, als factisch hergestellt betrachten, und nunmehr muss effectiv Silber in das Land strömen, um den Circulationsmittelbestand auf jene Höhe zu bringen, die dem Verkehrsbedürfnisse jeweilig entspricht. Wird dieser Zufluss irgendwie gehindert, kann sich der Circulationsmittelvorrath nicht extensiv durch äussere Zuflüsse vermehren, so muss eine weitere intensive Vermehrung des Vorrathes, d. h. eine Steigerung des inneren Werthes der Geldzeichen die Folge sein. Nun war Letzteres in Oesterreich thatsächlich einigermassen der Fall. Man hat dem Silber den Zufluss nach Oesterreich zwar nicht vollständig verwehrt, aber theils in Folge gewisser Massregeln der Abwehr, theils in Folge thatsächlicher Unmöglichkeit, die Ausmünzungen gleichen Schritt halten zu lassen mit dem Anstürmen der an unsere Thore pochenden Silberbarren, vielleicht auch in Folge einer gerade um diese Zeit eintretenden, wenn auch geringfügigen Steigerung des inneren Verkehrsbedürfnisses, zeigte es sich urplötzlich, dass soviel neuer Silbergulden nicht geprägt werden konnten, als zur Completirung des Verkehrsbedarfes nothwendig gewesen wäre, und die Folge davon war, dass österreichische Noten nicht unbeträchtlich über das Silberpari stiegen.' Der Papiergulden war zwar nicht mehr werth, als der Silbergulden, denn dem wirkte der gesetzliche Zwang entgegen, wonach Jedermann den Silbergulden an Zahlungstatt für den Papiergulden nehmen musste — aber beide, Silbergulden und Papiergulden, wurden mehr werth, als dem Silbergehalte des Silberguldens entsprochen hätte. Während aus dem Münzpfunde Feinsilber 45 Silbergulden geschlagen werden, konnte man nachgerade für 44, ja für 43 Silber- oder Papiergulden ein Pfund feines Silber kaufen.

Der Vortheil dieses Zustandes der Dinge ist sehr bedeutend: die österreichische Valuta ist dadurch — selbstverständlich unter der Voraussetzung, dass die Silberprägungen sistirt bleiben — vom Londoner Silbermarkte wenigstens insoferne emancipirt, als ein fernerer Preisrückgang des Silbers den Werth der österreichischen Geldzeichen nicht mehr alteriren kann. Wenn Barrensilber sich fernerhin verwohlfeilt, so wird dies unter der Voraussetzung, dass sich in den österreichischen Geldverhältnissen selber nichts ändert, lediglich zur Folge haben, dass der heute schon bestehende Preisabstand zwischen dem österreichischen Geldzeichen und dem Silberquantum, dessen Repräsentant es ist, sich noch mehr erweitert. So gross aber dieser Vortheil auch ist, so liegt es doch auf der Hand, dass damit die Stabilität der österreichischen Valuta noch lange nicht gewährleistet ist. Vor Allem müsste eine ausgiebige Preissteigerung von Barrensilber ein neuerliches Disagio der Noten gegen Silber hervorrufen. Das aber ist in Wahrheit noch das kleinste Uebel, denn da das Silber aufgehört hat, in Europa Werthmesser zu sein, so wäre das Wiederauftauchen eines Silberagio zwar von sehr schlechtem moralischen Effecte, könnte aber im Uebrigen den Handel gleichgiltig lassen, solange nicht gleichzeitig auch eine Aenderung des sogenannten Goldagios dazwischen tritt, eine Aenderung, die mit dem Auftauchen des Silberagios nicht nothwendigerweise verbunden ist. Aber diese Veränderlichkeit des Werthverhältnisses zwischen unserem heimischen Landesgelde und den Geldsorten aller anderen europäischen Staaten, d. h. also die Schwankungen der Wechselcourse wären eben ganz unabhängig vom Silberagio noch immer vorhanden. Es bestände dem Golde gegenüber genau der nämliche Zustand, der früher, solange das Silber Werthmesser war, bei gestörter österreichischer Valuta dem Silber gegenüber beobachtet wurde. Je nach den wechselnden Verhältnissen des Geldumlaufes und Verkehrsbedürfnisses in Oesterreich würden zehn Pfund Sterling, für die an der Wiener Börse heute 116 Gulden gezahlt werden, morgen für 110 Gulden und übermorgen für 120 Gulden zu haben sein. Ja es lässt sich sogar voraussehen, dass unter sonst normalen Verhältnissen der Geldwerth in Oesterreich — immer unter der Voraussetzung sistirter Silberprägungen — aus nachfolgenden Gründen eine continuirliche, von Schwankungen und Abweichungen allerdings häufig unterbrochene, im grossen Ganzen aber doch stetig fortschreitende Veränderung nothwendigerweise erfahren müsste.

Eine Vergleichung des Verhältnisses zwischen Notenumlauf und Disagio in unserer Monarchie seit Beginn der Zettelwirthschaft lehrt, dass der Geldbedarf Oesterreichs in einer stetigen und bedeutenden Zunahme begriffen ist. Während in früheren Decennien relativ geringfügige Notenquantitäten sich nur unter hohem Disagio im Umlaufe erhalten konnten, circulirten später wesentlich vermehrte Quantitäten von Umlaufsmitteln mit dem nämlichen, ja schliesslich sogar mit geringerem Disagio. Insbesondere für die letzten zwanzig Jahre lässt sich der solcherart resultirende Zuwachs des Betrages und Werthes der heimischen Valuta im Jahresdurchschnitte approximativ auf 15 Millionen Gulden bewerthen. Wäre nun diese Erscheinung des zunehmenden Geldbedarfes auf Oesterreich allein beschränkt, so könnte man glauben, dass dieselbe blos zufällig sei, und der Schluss, dass es auch in Zukunft so fortgehen werde, würde viel von seiner stringenten Gewalt verlieren. In Wahrheit aber ist das, was hier für Oesterreich beobachtet wurde, nichts weiter als die Consequenz einer auf dem Geldmarkte der ganzen Welt sich vollziehenden Thatsache, die sich allerdings für Oesterreich leichter statistisch nachweisen lässt als für die Länder mit Metallumlauf, da eben die Notenausgabe genau controlirt ist, während der Vorrath metallischer Circulationsmittel sich einer solchen ziffermässigen Controle entzieht. Sowie man aber die Gesammtheit aller anderen Staaten in's Auge fasst, bedarf die Thatsache des zunehmenden Geldumlaufes gar keiner besonderen Nachweisung, da ja die 400 bis 450 Millionen Gulden Edelmetall, die alljährlich neu producirt werden, zum grössten Theile im Geldumlauf der Welt Unterkunft finden und daher nothwendigerweise diesen Geldumlauf um ihren Betrag vermehren müssen. Die Zunahme des Zettelumlaufes in den Papierländern entspricht daher nur der gleichzeitigen Zunahme des Hartgeldumlaufes in den Ländern mit geregelter Valuta. Wo und insoweit eine derartige Vermehrung des Zettelumlaufes nicht stattfand, trat an ihre Stelle eine Wertherhöhung der papierenen Umlaufsmittel, durchaus nicht überall in Folge verbesserter innerer Verhältnisse, sondern hauptsächlich als

Consequenz der sich auf alle Welt, soweit Handel und Verkehr getrieben wird, erstreckenden Geldvermehrung. Dieser Process der Geldvermehrung vollzieht sich für jedes einzelne Land mit der Gewalt eines Naturgesetzes und es gibt schlechterdings gar kein Mittel, sich demselben zu entziehen. Kann einem Lande, sei es in Folge unterwerthigen Zettelumlaufes, sei es in Folge einer Sperrung der Münzstätten, jene Portion an der Gesammt-Edelmetallproduction der ganzen Welt, die dem betreffenden Lande vermöge seines Antheils an dem Gesammtverkehre der Welt gebührt, nicht direct zufliessen, so ist die nothwendige Consequenz eine Erhöhung des inneren Werthes der Geldzeichen dieses Landes, und diese Erhöhung kann nicht nur, sondern sie muss über den Metallwerth der betreffenden Geldzeichen steigen, wenn die vorhandene Stückzahl der Landesvaluta, zum vollen Metallwerthe gerechnet, dem Verkehrsbedürfnisse, wie es sich unter dem Einflusse des internationalen Handels herausstellt, nicht mehr genügt. Der Weg, auf welchem diese Erhöhung des Geldwerthes bis zu jener Grenze erfolgt, die dem Antheil des betreffenden Einzellandes an der Steigerung des Geldvorrathes in der übrigen Welt entspricht, ist ein durchaus mechanischer. Steigt der Geldvorrath auf dem Weltmarkte, so hat dies eine allmälige Erhöhung der Preise zur Folge; kann sich nun in einem Einzellande die Geldmenge nicht vermehren und bleiben also dort unter sonst gleichbleibenden Verhältnissen die Preise die nämlichen, so steigt selbstverständlich die Exportfähigkeit des betreffenden Einzellandes und es sinkt seine Importfähigkeit; naturgemäss hat dies ein gesteigertes Angebot und eine verminderte Nachfrage nach fremden Wechseln, die ja zur Ausgleichung der internationalen Zahlungsverbindlichkeiten dienen, zur Folge, d. h. also, es müssen die Preise der fremden Wechsel in diesem Lande sinken — und mit dem Momente, wo dies geschieht, ist die Wertherhöhung des

inländischen Geldes gegen das ausländische bereits vorhanden.
— Was während der letzten Jahre in Holland und erst
kürzlich in Oesterreich geschehen ist, illustrirt die Art und
Weise, wie sich nach diesem Grundsatze die Wertherhöhung
des inländischen Geldes vollzieht, in der besten Weise. Nun
wird aber Gold und Silber auch fernerhin producirt. Der
Geldvorrath der civilisirten Welt wird fernerhin steigen, und
wenn daher in Oesterreich keine neuen Noten ausgegeben und
kein neues Hartgeld geprägt wird, so muss nothwendigerweise die Werthsteigerung des österreichischen Geldes dem
ausländischen gegenüber fernere Fortschritte machen. Wir
könnten auf diese Weise rascher, als man vielleicht heute
noch denken mag, dahin gelangen, dass unsere Papier- und
Silbergulden den fälschlich sogenannten Paricours dem Golde
gegenüber erreichen, ja überschreiten — immer unter der
Voraussetzung, dass die Silberprägungen sistirt bleiben, und
dass wir auf der Silberwährung beharren, d. h. dass eine in
österreichischer Währung stipulirte Zahlung nicht in Goldstücken geleistet werden darf.

Doch das ist eine Erwägung, die vorläufig hier nicht
in Betracht kommt. Thatsache ist, dass unter Aufrechthal-
tung des gegenwärtigen Zustandes, nämlich der Silberwährung
unter gleichzeitiger Sistirung der Silberprägungen, die heimische Valuta zwar von den Einflüssen der Preisschwankungen auf dem Silbermarkte so ziemlich befreit wäre, dass
aber die Wechselcourse und folglich das Verhältniss zwischen
österreichischem und ausländischem Gelde genau in derselben
Weise schwanken würden, wie sie früher, so lange das Werthverhältniss zwischen Gold und Silber stabil war, dem Silber
gegenüber schwankten.

Es fragt sich nun, wie dem abzuhelfen sei. Das Problem
liegt in Wahrheit darin, den Werth der österreichischen Geldzeichen auf einer gegebenen Höhe festzuhalten, d. h. einem

Werthrückgange sowohl als einer ferneren Preiserhöhung nach
Thunlichkeit vorzubeugen. Und dies wird durch den einfachen
Uebergang zur Goldrechnung soweit erreicht, als
dies ohne vollständige Herstellung der Valuta, d. h. ohne
Einziehung der Staatsnoten und Wiederaufnahme der Baarzahlungen seitens der Bank überhaupt möglich ist. Ob dieses
„Insoweit" eine wesentliche Einschränkung bedeutet, ob durch
diese Reservation nicht vielleicht der ganze Werth der Massregel problematisch gemacht wird, das gilt es eben fest-
zustellen.

Der Staat kann dadurch, dass er zur Goldrechnung über-
geht, d. h. dass er decretirt, der Gulden österr. Währung, der
bisher der Repräsentant des 45sten Theiles von einem Münzpfunde Feinsilber sei, solle hinkünftig der Repräsentant eines
gesetzlich bestimmten Goldquantums sein, am Werthe des
österreichischen Geldes nichts verändern, d. h. er kann auf
keinen Fall durch eine solche gesetzgeberische Massregel den
Werth erhöhen. Eine Verminderung wäre in Thesi wohl
denkbar, denn wenn beim Uebergange zur Goldrechnung die
Werthrelation zwischen Gold und Silber zu hoch gegriffen
würde, d. h. wenn man für den neuen Goldgulden einen
geringeren Goldgehalt fixiren wollte, als dem Courswerthe des
alten Silber- und Papierguldens entspricht, dann würde sich
thatsächlich der Werth unserer Goldzeichen auf dieses niedrige
Niveau ermässigen, da ja, so lange die Ausgleichung nicht
erfolgt wäre, d. h. so lange das Landesgeld höher im Werthe
stände als Barrengold, Gold importirt werden müsste. Mit
dem Momente, wo zur Goldrechnung übergegangen wird, kann
Jedermann, der einen Papiergulden schuldig ist, Zahlung in
Goldgulden leisten, geradeso wie er heute Zahlung in Silbergulden leisten kann, und man würde daher Gold prägen
lassen, wenn dies rentabel erschiene. Also, wie gesagt, eine
Entwerthung der österreichischen Valuta im Wege des Ueber-

ganges zur Goldwährung wäre allerdings möglich, nicht aber eine Höherbewerthung. Denn wenn man beispielsweise den neuen Goldgulden gleich 2½ Goldfranken annehmen wollte, so würden eben die neuen Goldgulden dasselbe Agio den österreichischen Noten gegenüber behalten, welches heute die fälschlich sogenannten Acht-Guldenstücke, die in Wahrheit 20 Frcs. sind, den österreichischen Noten vis-à-vis aufweisen. Der Unterschied wäre nur, dass dann thatsächlich ein Agio wäre, was heute nur fälschlich so genannt wird und richtiger als **Goldpreis** bezeichnet werden müsste.

Wenn man aber, wie es das allein Richtige, ja Mögliche ist, das Gewicht des neuen Goldguldens so fixirt, wie er dem augenblicklichen Courswerthe des österreichischen Papier- und Silberguldens entspricht, also beispielsweise mit dem 800sten Theile eines Münzpfundes Feingold, so ist kein erdenkbarer Grund abzusehen, warum unter sonst gleichbleibenden Verhältnissen die österreichische Note ein Agio dem neuen Goldgulden vis-à-vis aufweisen sollte. Die Sicherheit, dass dies nicht geschehen werde, folgt, worauf ich nochmals Gewicht legen möchte, keineswegs aus der Ansicht, dass sich im Wege des einfachen Ueberganges zur Goldrechnung am Werthe der österreichischen Geldzeichen etwas verändern lasse, sondern umgekehrt aus der Ueberzeugung, dass dies unmöglich sei, dass der Werth des Geldes sich nicht nach gesetzgeberischen Massregeln, sondern nach den eigenen Bedürfnissen des Verkehres richte. Wenn 10 Pf. St. heute 116 Gulden österr. Währung werth sind, so werden sie unmöglich dadurch, dass dieses gegenwärtige factische Verhältniss auch zu einem gesetzlichen gemacht wird, im Preise steigen oder fallen, sie werden auch ferner 116 Gulden österr. Währung werth sein. Wenn aber 10 Pf. Sterling zugleich so viel Edelmetall enthalten, als 116 österreichische Goldgulden, so ist eben diese Coursnotiz die Parinotiz.

Damit aber ist unter allen Umständen für die Stabilität und Güte der österreichischen Valuta unendlich viel, ja unter normalen Verhältnissen sogar Alles gewonnen, was man von einem guten Gelde überhaupt fordern kann.

Es braucht gar nicht bewiesen zu werden, dass mit dem Momente, wo gesetzlich erklärt wird, der österreichische Gulden sei eine Goldmünze, von welcher 116 auf 10 Pf. St. gehen, und Jedermann, der österreichische Gulden zu zahlen verpflichtet sei, könne sich durch die Entrichtung solcher Goldgulden lösen, dass von diesem Momente an eine Wertherhöhung des österreichischen Geldes über dieses Londoner Pari von 116 hinaus höchstens um den Betrag der Münz- und Transportspesen möglich sein wird. Die augenblickliche Folge einer jeden weiteren Werthsteigerung, also etwa eines Herabgehens der Devise London unter 115, müssten Goldzuflüsse und Goldausprägungen sein, die dann in rein mechanischem Wege die Ausgleichung erzwingen würden. Damit allein schon hätte die heimische Valuta einen grossen Theil ihrer Variabilität verloren, denn eine Waare, die über einen gewissen Preissatz hinaus nicht steigen kann, kann naturgemäss auch auf diesen Preissatz nicht wieder zurückfallen: sie kann höchstens unter das Maximum sinken und wieder bis zum Maximum steigen. Wenn beispielsweise in einem gegebenen Jahre unter der Herrschaft der Silberwährung der Preis der Devise London zwischen 110 und 120 oscillirt hätte, wird er bei der Goldrechnung nur mehr zwischen 115 und 110 oscilliren können. Das wäre immerhin etwas, selbst wenn die Schwankungen von 115 bis 120 ebenso sehr zu fürchten wären, als die zwischen 110 und 115, denn damit wäre Intensität und Zahl der Schwankungen doch um die Hälfte reducirt. Das ist nun im Principe allerdings so, in der Praxis aber verhält sich die Sache noch um vieles günstiger. Denn was wir zu fürchten haben, was uns aller Voraussicht nach bevorsteht, das sind nicht die Schwankungen von 115 bis 120, sondern die von 115 bis 110, und wenn wir diese letzteren beseitigt haben, haben wir unter normalen Verhältnissen jede Schwankung überhaupt eliminirt.

Es folgt dies naturgemäss aus dem, was früher über die stetige Zunahme des Geldbedarfes gesagt wurde. An dieser Zunahme kann sich durch den Uebergang zur Goldrechnung selbstverständlich nichts ändern. Wenn wir heute beispielsweise eine Circulation von rund 650 Millionen Gulden besitzen, von denen 116 10 Pf. St. werth sind, so ist, wenn nicht Kriege und verheerende Krisen dazwischen treten, mit apodictischer Sicherheit darauf zu rechnen, dass wir im Verlaufe der nächsten Jahre entweder höherbewerthete Gulden in derselben Anzahl oder eine grössere Anzahl gleich hoch bewertheter Gulden brauchen werden. Vermehrt man nun die Anzahl der Papiergulden nicht, so muss sich entweder der Werth der Papiergulden vermehren, oder aber, da dies durch den Uebergang zur Goldrechnung nur bis zu einer gewissen Grenze möglich ist, es muss sich die Anzahl der Geldzeichen durch den Zufluss metallischer, d. i. in diesem Falle goldener Circulationsmittel vermehren.

Für den Anfang wären also allerdings kleine Agioschwankungen möglich, d. h. es könnte, wenn zufällig ein vorübergehender Rückgang des Bedarfes an Circulationsmitteln eintritt, ein Disagio gegen Gold hervortreten; aber dieses Disagio könnte niemals einen grösseren Umfang erreichen, als unter sonst gleichbleibenden Verhältnissen das Disagio gegen Silber, wenn wir bei der Silberwährung beharren. Tritt aber einmal die periodische Zunahme des Geldbedarfes in Wirksamkeit, hat sie erst einmal einen namhaften Goldzufluss erzwungen, dann kann eine nach abwärts gerichtete Wellenbewegung im Circulationsmittelbedarfe nur mehr einen Abfluss von Gold, nicht aber ein Noten-Disagio hervorrufen.

Der Vortheil des Ueberganges zur Goldrechnung wäre also in wenigen Worten zusammengefasst der, dass wir damit dem Golde gegenüber in den Zustand versetzt würden, in welchem wir uns heute dem Silber gegenüber befinden. Wir könnten auf Goldzufluss rechnen unter den nämlichen Voraussetzungen, unter denen wir heute auf Silberzufluss rechnen können, auf Silberabfluss unter den nämlichen Bedingungen, die heute einen Silberabfluss verursachen müssten, und auf ein Disagio unserer Noten gegen Gold wieder nur unter den nämlichen Voraussetzungen, unter denen wir heute ein Disagio gegen Silber zu gewärtigen haben.

Bis hierher wären die Kosten der Operation beinahe gleich Null. Man müsste die umlaufenden Staats- und Banknoten einlösen und durch neue Gold-Appoints ersetzen. Der Aufwand für diesen Notenumdruck kann bei einer Massregel von so kolossaler Tragweite unmöglich in Betracht gezogen werden. Doch sind damit allerdings die Kosten der Reform nicht erschöpft, vielmehr sind noch die eventuell möglichen Verluste bei Abstossung eines Silbervorrathes in Rechnung zu ziehen, der nothwendigerweise beseitigt und durch Gold ersetzt werden muss, wenn die Goldrechnung zur Wahrheit werden soll.

Der österreichische Geldumlauf besteht nämlich derzeit aus zwei Bestandtheilen: Aus der Landeswährung, die dem allgemeinen Verkehre dient, und aus einer metallischen Silbervaluta, die bestimmten Specialzwecken, nämlich der Honorirung gewisser Silberverpflichtungen dienen muss. Wie viele Silbergulden zu letzterwähntem Zwecke in Umlauf sind, lässt sich schwer genau berechnen, aber man kann immerhin annehmen, dass es doch zwischen 20 und 30 Millionen Gulden sein werden, die zu solchen Zwecken absorbirt sind. Diese müssen, wenn zur Goldrechnung übergegangen wird, durch effectives Gold ersetzt werden, da mit diesem Momente alle jene Zahlungen, die ausdrücklich in klingender Münze bedungen sind, hinkünftig auch wirklich in effectivem Golde geleistet werden müssen. Es fragt sich nun, was in einem solchen Falle mit den 20 bis 30 Millionen durch das Gold verdrängten Silbergulden geschehen soll. Das Einfachste ist, sie zu verkaufen und aus ihrem Erlöse das zu ihrem Ersatze nothwendige Gold zu beschaffen. Zu untersuchen wäre nur, ob es unter allen Umständen räthlich ist, dies zu thun, da eventuell die Verluste beim Verkaufe grösser sein können als jene Opfer, denen man sich unterziehen muss, wenn man auf anderem Wege diesen Silberüberschuss, der der österreichischen Circulation sonst zur Last fiele, unschädlich machen will. Unschädlich aber muss er gemacht werden, denn sonst würde die Fluth dieser neu hinzuströmenden 20 bis 30 Millionen Gulden Geldzeichen, gleichviel ob es gelänge, sie direct dem Verkehre zuzuführen, oder ob sie in die Bankcassen strömen und dort gegen Noten umgetauscht würden, nothwendigerweise die Valuta ruiniren und sofort ein Disagio der neuen Noten hervorrufen. Die Frage, um die es hier handelt, ist eine praktische und geschäftsmännische. Es fragt sich einfach, ob Aussicht vorhanden ist, dass das Werk der vollständigen Valutaherstellung, d. h. der Einziehung eines grösseren Betrages von Staatsnoten in der nächsten Zukunft in Angriff genommen wird. Wäre dies der Fall, dann würde es sich empfehlen, kein Silber zu verkaufen, sondern im Wege eines Anlehens das erforderliche Gold zu beschaffen und dafür einen entsprechenden Betrag von Staatsnoten einzuziehen. Wäre dies thunlich, dann könnten die durch die neuen Goldstücke verdrängten Silberstücke den internen Verkehr nicht mehr belasten, da ja eben durch die vorherige Noteneinziehung der Raum zu ihrer Aufnahme beschafft worden wäre. Diese Procedur wäre, wie gesagt, wirthschaftlicher und rationeller, wenn in einer sehr nahen Zukunft die Möglichkeit einer radicalen Herstellung der Valuta geboten erschiene, weil für diesen Fall die Zinsenlast eines Valuta-Anlehens von 20 bis 30 Millionen Gulden nicht grösser wäre, als der Verlust bei Abstossung und späterem Rückkaufe der fraglichen Silberbestände. Es darf nämlich nicht vergessen werden, dass bis zum Augenblicke der Vorrath Oesterreich-Ungarns an Silbergulden nicht grösser ist, als aller Wahrscheinlichkeit nach der zukünftige, im Falle der reinen metallischen Goldwährung sich einstellende Bedarf an grober Silberscheidemünze sein wird. Wir haben also auf die Dauer kein Silber zu verkaufen, werden, wenn die Silberprägungen rechtzeitig eingestellt werden, auch keines zu verkaufen haben und müssten daher alles, was jetzt losgeschlagen würde, dereinst wieder zurückkaufen.

Es wäre indess ganz unmotivirter Optimismus, die Hoffnung zu nähren, dass in so kurzer Frist die Möglichkeit einer radicalen Valutaherstellung sich einstellen kann; verzögert sich aber die Sache um mehrere Jahre, dann ist es wieder wirthschaftlicher, den Verlust beim Verkauf und Rückkauf von Silber zu übernehmen, ehe denn man sich der Zinsenlast aus einem Valuta-Anlehen unterzieht, welches eben durch den erwähnten Silberverkauf vermieden werden kann. Es wird sich also empfehlen, das überschüssige Silber ganz einfach zu verkaufen, und aus dem Erlöse jenes Gold zu beschaffen, welches zur Honorirung der Metallverbindlichkeiten nothwendig ist. Die Verluste aus dieser Operation können unmöglich sehr gross sein, da ja das Goldquantum, welches an Stelle des abzustossenden Silbers zu beschaffen ist, nach der zur Zeit des Währungswechsels geltenden Marktrelation bemessen sein wird. Da die Silbergulden lediglich gegen die neuen Goldgulden und nicht gegen die imaginären alten Goldgulden des Francsystems eingelöst werden, so kann der Staat dabei nur so viel verlieren, um wie viel er etwa durch seine eigenen Verkäufe den Silberpreis drücken würde. Nun sind 20 bis

30 Millionen Gulden kein so gewaltiges Quantum, dass durch dessen Erscheinen auf dem Edelmetallmarkte bei nur einiger Vorsicht eine Panique hervorgerufen werden könnte. Es wird sich wahrscheinlich blos um Verluste von wenigen Percenten handeln, und selbst bei der vorsichtigsten Rechnung brauchen die Kosten dieses Metallumtausches zusammen mit denen des Notenumdruckes nicht höher als mit 5 Millionen Gulden im Maximum angesetzt zu werden. Diese Maximalsumme von 5 Mill. Gulden aber umfasst ein für allemal die sämmtlichen Kosten des Ueberganges zur Goldrechnung.

Von Störungen in irgendwelchen Verkehrsbeziehungen wäre bei einer derart durchgeführten Reform nicht das Geringste zu verspüren. Die Geldzeichen, welche die Bevölkerung in Händen hätte, wären ihrem Werthe, ihrer Eintheilung und ihrer Stellung im Verkehre nach mit mathematischer Genauigkeit dieselben, die heute vorhanden sind, und der einzige Unterschied bestände darin, dass diesen im übrigen unveränderten Geldzeichen die Perspective auf zukünftige Schwankungen so gut als vollständig benommen wäre. Ja es ist mit Sicherheit vorherzusehen, dass der überwiegend grosse Theil der Bevölkerung, der in die Principien des Geldwesens nicht eingeweiht ist, von dem stattgehabten Währungswechsel überhaupt gar nichts bemerken würde. Weder im grossen, noch im kleinen Verkehre könnten sich die Preise ändern. Der Gulden, der Kreuzer blieben die nämlichen, alle Contracte behielten unveränderten Inhalt, mit einem Worte, es liesse sich nicht die leiseste Alteration auf irgend einem Verkehrsgebiete verspüren. Für die ungeheuere, überwiegende Masse aller Geldtransactionen, nämlich jener, die sich in österreichischer Landesvaluta abwickeln, gälte dies so vollständig, dass in der That, wie bereits bemerkt, die Wenigsten auch nur bemerken dürften, dass hier überhaupt eine Veränderung

3*

vor sich gegangen sei. Bei den Zahlungen in effectiver Münze wäre allerdings ein äusserlich sichtbarer Wechsel vorhanden, indem nämlich Jedermann, der bis dahin einen Silbergulden zu zahlen oder anzunehmen verpflichtet war, von da ab Zahlung in einer Goldmünze zu leisten oder anzunehmen hätte. Aber auch hier wäre die Veränderung eine blos äusserliche, da ja der Werth der neuen Goldmünze dem der bedungenen alten Silbermünze gleich wäre. Und ebenso wäre die Aenderung der auf alte Goldmünze lautenden Contracte eine blos äusserliche und formelle, indem es dem Gläubiger, der beispielsweise ein sogenanntes Acht-Guldenstück gleich 20 Frcs. in Gold zu erhalten hat, ganz gleichgiltig ist, ob er das bedungene Goldquantum in Form von 20 Frcs. oder in Form von, sagen wir 9·3 neuer Goldgulden empfängt, wenn nur die vom Gesetze fixirte Umrechnung ihm dasselbe Gewicht und denselben Feingehalt gewährleistet.

Es könnte die Frage aufgeworfen werden, ob es sich beim Uebergange zur Goldrechnung nicht vielleicht empfehlen würde, sich an das Münzsystem Deutschlands vollständig anzuschliessen, d. h. entweder ganz einfach die deutsche Reichsmark als Basis des zukünftigen österreichischen Geldwesens zu acceptiren, oder doch zum mindesten den neuen Goldgulden gleich zwei deutschen Reichsmark zu prägen. In einem solchen Falle müssten natürlich die Silbergulden gegen die neuen Goldgulden nicht gleich gegen gleich, sondern im Verhältnisse des inneren Werthes, also etwa mit 86 Kreuzern des neuen Goldguldens für den alten Silber- oder Papiergulden umgewechselt und umgerechnet werden.

Der Vortheil eines Anschlusses an die Markrechnung soll nun nicht geleugnet werden, aber er ist doch verschwindend gering gegenüber den Nachtheilen einer solchen Procedur und gegenüber den Vortheilen eines Beharrens auf dem gegenwärtigen Gulden als Werthmassstab. Durch die Markrechnung würde allerdings die Münzgemeinschaft mit Deutschland viel inniger als durch die Fixirung einer Münze, die mit der deutschen Rechnungseinheit in keinem leicht übersichtlichen Verhältnisse steht: es könnte den österreichischen Goldgulden und den deutschen Markstücken ein Circulationsgebiet von 80 Millionen Seelen verschafft werden, und die Wechselcourse auf Deutschland würden um vieles stabiler, als sie es kraft der blossen Einheit des Münzmetalls sein können. Aber die unendliche Schwierigkeit des Ueberganges im inneren Verkehre, die Rechtsverwirrung, die dadurch entstehen könnte, wenn alle Contracte mühsam umgerechnet werden müssten, und überdies die riesige Theuerung, die in Folge der Wertherhöhung der Rechnungseinheit ganz unzweifelhaft im kleinen Verkehre entstünde, all' das nöthigt dazu, diesen Gedanken unbedingt fallen zu lassen. Es kann mit Sicherheit vorhergesagt werden, dass im kleinen Verkehre die nominellen Preise sich unverändert erhielten, auch wenn der Gulden und der Kreuzer um 15 bis 20 Percent im Werthe erhöht würden; der grosse Handel würde sich allerdings sehr rasch der geänderten Rechnungsart anbequemen und es würde beispielsweise der Metzen Weizen augenblicklich von 6 Gulden auf 5 Gulden fallen, wenn der neue Goldgulden um 20 Percent mehr Feingold enthielte, als nach der augenblicklichen Marktlage für den alten Silbergulden zu erlangen ist; aber das würde höchst wahrscheinlich nicht ändern, dass Brod und kleines Gebäck das nämliche Gewicht und den nämlichen nominellen Preis behielten, also um 20 Percent theurer würden. Nebenbei sei noch bemerkt, dass das Beharren auf der dem Werthe nach unveränderten Rechnungseinheit das Reformwerk auch insoferne erleichtert und verwohlfeilt, als dadurch die Umprägung der Scheidemünze überflüssig gemacht wird. Wählt man einen Gulden, der gleich zwei Reichsmark ist, so muss man nicht blos die Silbergulden bis auf das letzte Stück aus dem Verkehre ziehen, sondern auch die Kupfermünze und die silbernen Zehn-Kreuzerstücke erneuern: angesichts des neuen leichten Goldguldens — für den sich der Name „Reichsgulden" empfiehlt — können aber nicht blos die im internen Verkehre circulirenden Silbergulden und das sämmtliche legirte und kupferne Kleingeld ihre Functionen als Scheidemünze unverändert weiter versehen, es steht im Principe sogar dem nichts entgegen, dass man die alten Noten weiter umlaufen lässt, sich zum mindesten bei ihrer Umwechslung nicht zu überhasten braucht. Denn es genügt in diesem Falle, dass der Staat und die Bank erklärt, Jedermann könne auf Verlangen gegen die alte Note eine neue Goldnote erhalten, da ja das Wesen der Massregel nicht darin liegt und liegen kann, dass auf den neuen Appoints statt des Wortes „Silbergulden" das Wort „Goldgulden" vorkommt, sondern darin, dass Jedermann berechtigt ist, Zahlung mit einem effectiven metallischen Goldgulden zu leisten. Es würde sich ferner, um den Uebergang zu erleichtern und zu beschleunigen, sehr wohl das Auskunftsmittel treffen lassen, bis zu dem Momente, wo neue Goldgulden in genügender Menge zur Honorirung der auf effective Münze lautenden Verpflichtungen vom Staate geprägt worden sind, den alten Goldstücken des Franken-Fusses gesetzlichen Cours zu verleihen, selbstverständlich in der Weise, dass die 20-Frcs.-Stücke nach ihrem Metallwerthe in Reichsgulden umgerechnet würden.

Dass eine derartige Münzreform von weittragendem Vortheile nicht blos volkswirthschaftlicher, sondern auch staatsfinanzieller Natur unmittelbar begleitet sein müsste, ist ganz offenbar. Der Vortheil für die Volkswirthschaft läge, wie bereits wiederholt bemerkt, darin, dass an die Stelle des schwankenden, zum Gelde des Auslandes in keinem fixen Werthverhältnisse stehenden Silbergeldes ein neues Geld träte, welches unter normalen Verhältnissen überhaupt nicht im Werth schwanken könnte, und den ausländischen Geldsorten gegenüber die nämliche Stabilität besässe, wie die unterschiedlichen Geldsysteme des Auslandes untereinander, und welches selbst für den unvorhergesehenen Fall von Kriegen und Krisen nicht stärkeren Schwankungen ausgesetzt wäre als unser gegenwärtiges Papiergeld dem Silber gegenüber. Der Staat würde an allen Consequenzen dieser Stabilität des Geldwesens selbstverständlich mitparticipiren, sein Budget würde eine Sicherheit erlangen, die es heute nicht besitzt, indem nicht blos der Posten Agioverluste, der bei Beschaffung der Metallvaluta zu unterschiedlichen Zinsenzahlungen regelmässig vorkommt, sondern auch jene im Budget gar nicht ersichtlich gemachten Agioverluste definitiv beseitigt wären, die daraus resultiren, dass der Staat bei allen seinen Einkäufen auf offenem Markte theuerer fährt, sowie sich das von den Steuerträgern gezahlte Geld entwerthet. Wichtiger aber wäre für den Staat, insbesondere heute, wo wir einer Reihe neuer Anlehen entgegengehen, die ganz unleugbare Besserung seines Credites in Folge der Münzreform. Es kann darüber gar kein Zweifel bestehen, dass der Werth unserer Rente und aller unserer in Silber oder in Papier verzinslichen Anlehen um mehrere Percente steigen müsste, wenn dem Gläubiger statt des bedungenen Silbers ein gleichwerthiges Goldquantum gezahlt würde. Die einfache Betrachtung des Courszettels zeigt, dass dies richtig ist, denn die Goldpapiere notiren ohne Ausnahme nicht blos um den Betrag der sogenannten Agio-Differenz zwischen Gold und Silber, sondern noch um ein Beträchtliches darüber hinaus höher als die gleichartigen Silberpapiere. Ob aber österreichische Rente 64 oder 69 notirt — das ungefähr wäre unter sonst gleich bleibenden Verhältnissen die Wertherhöhung — kann bei Contrahirung neuer Anlehen unmöglich gleichgiltig sein. Ausserdem aber ist auch noch der ungeheuere moralische Effect eines derartig rasch und gleichsam spielend durchgeführten Währungswechsels gar nicht hoch genug anzuschlagen. Hat doch kaum eine andere Erwägung den Credit unserer Monarchie tiefer und nachhaltiger erschüttert, als der ziemlich allgemein verbreitete Glaube, es werde ihr nicht mehr gelingen, ihre Valutaverhältnisse zu ordnen und die Wiederaufnahme in die Münzgemeinschaft des übrigen Europa zu erzwingen. Unter diesen Befürchtungen leiden selbst unsere Goldpapiere, denn es sind wiederholt schon Zweifel darüber laut geworden, ob Oesterreich für den Fall, als sich die Werthdifferenz zwischen Gold und Silber noch fernerhin erhöhte und gleichzeitig die österreichischen Goldanlehen sich häufen sollten, auf die Dauer in der Lage sein werde, das für seine Goldpapiere versprochene Gold auch zu bezahlen, d. h. sich den in's Ungemessene gesteigerten Agioverlusten zu unterziehen. Allen diesen an der finanziellen Ehre des Staates nagenden Zweifeln wäre mit einem Schlage ein Ende gemacht, ja die energische That auf diesem Gebiete dürfte genügen, um auch ganz abgesehen von allen Währungsdifficultäten das Vertrauen in die finanzielle Lebensfähigkeit der Monarchie sehr wesentlich zu steigern. Es wäre das gleichsam ein Wendepunkt in der Finanzgeschichte der Monarchie, eine Antwort auf alle Unkenrufe, die hinsichtlich der finanziellen Zukunft dieses Staates laut geworden sind.

Es erübrigt nur mehr, einige vorbereitende und einige der wichtigsten Detailbestimmungen für den neuen Zustand der Dinge im Münzwesen kurz zu erwähnen.

Dass die Silberprägungen sistirt bleiben müssten, wenn dem Uebergange zur Goldrechnung nicht neue Schwierigkeiten bereitet werden sollen, ist wohl selbstverständlich. In Wahrheit ist diese Beschränkung der Silberprägungen mit der Frage der Goldrechnung gar nicht unmittelbar verquickt: sie ist einfach eine Forderung der Gesundung unseres Geldwesens unter allen Bedingungen, selbst für den Fall, dass man sich mit der Hoffnung tragen sollte, dereinst doch noch zur metallischen Silberwährung zurückkehren zu können. Denn selbst in diesem Falle ruiniren die neuen Silberprägungen unsere Valuta, sie drücken dieselbe auf das Londoner Silberpari herab, machen sie abhängig von allen Preisschwankungen des Silbermarktes und dürfen also nicht fortgesetzt werden, so lange jener ideale Zustand nicht wirklich eingetreten ist, den die Hoffnung einer Rückkehr zur metallischen Silberwährung zur Voraussetzung hat. Für den Fall des späteren Ueberganges zur Goldwährung aber liegt in einer Fortführung der Silberprägungen noch die fernere Gefahr, dass sich inzwischen der Vorrath an Silbergulden über Gebühr vermehren, dass sich dadurch folgerichtig der Betrag des abzustossenden Silbers steigern und dadurch nicht nur die Verluste aus den Silberkäufen vermehren, sondern auch der Zeitraum vergrössern würde, der zur Durchführung der Reform erforderlich ist. Die bis jetzt geprägten Silbergulden können unbeschadet der Goldrechnung in Verkehr gesetzt werden, da nicht zu besorgen ist, dass durch sie bei dem gegenwärtigen Preisstande des Silbers in London die österreichische Valuta auf das Silberpari gebracht werden könnte. So lange dies aber nicht der Fall ist, stört eine kleine Silbercirculation die Goldrechnung nicht im geringsten. Nur müsste allerdings der Silbergulden zur Scheidemünze degradirt werden in dem Momente, wo die Goldrechnung eingeführt wird, d. h. es müsste Jedermann berechtigt sein, die Annahme von mehr als 20 Silbergulden zu verweigern. Sofort zu verkaufen und gegen Gold umzuwechseln wären blos jene Silbergulden, die früher den einmal bereits erwähnten speciellen Verkehrszweigen, d. h. der Honorirung der Silberverpflichtungen gedient haben. Wie gross diese Summe ist, lässt sich heute, nachdem einmal Silber in den eigentlichen internen Verkehr gebracht worden ist, nicht mehr genau eruiren. Bevor dies geschehen war, hätte man ganz einfach alle ausserhalb der Bankcassen befindlichen Silbergulden als diesem Sonderzwecke dienend betrachten und folgerichtig verkaufen können. Es ist jedoch nicht schwer, auch heute noch diesen fraglichen Theil der Silbergulden annähernd genau zu schätzen, und insoweit man sich auf diese Schätzungen nicht verlassen sollte, gibt es eine ziemlich einfache Methode, die abzustossenden Silberquantitäten aus dem Verkehre zu beseitigen. Wie viel während des letzten Jahres Silber geprägt wurde, ist bekannt, ebenso, wie viel die Bank davon aufgenommen. Es wäre nun vor Allem darüber schlüssig zu werden, wie viel von diesem neuen Silber die Bank auch zu behalten hätte; was sonach noch an neuen Silbergulden vorhanden ist, wäre dadurch im Verkehre unterzubringen, dass für den nämlichen Betrag Papiergulden eingezogen werden. Wenn dann durch das Aufhören der effectiven Metallzahlungen in Silber die früher zu diesen Metallzahlungen dienenden Silbergulden frei verfügbar werden, so kann als unzweifelhaft betrachtet werden, dass die Bank im Wege des Giroverkehrs und im Wege von Rückzahlungen dieses frei werdende Silber bis auf den letzten Heller erhalten würde. Dieser Ueberschuss wäre ihr dann successive abzulösen und zu verkaufen.

Die Untersuchung der Frage, ob die als Scheidemünze dauernd im Verkehre bleibenden Silbergulden ihr gegenwärtiges Feingewicht behalten oder eingezogen und leichter ausgeprägt werden sollen, würde hier zu weit führen; dagegen muss festgestellt werden, was mit jenen Silbergulden zu geschehen habe, die sich im Besitze der Bank befinden, und die dort belassen werden müssen, so lange man nicht zu vollständiger Herstellung der Valuta, d. h. zur Einziehung der Staatsnoten schreiten kann. Die Bank hat ein Recht darauf, dass der Staat ihr in dem Momente, wo er den Uebergang zur Goldwährung vollzieht, wo ihr — der Bank — die Verpflichtung auferlegt wird, ihre eigenen Noten dereinst in Gold einzulösen, ihren Vorrath an geprägten österreichischen Silbergulden gegen Gold einlöse. Indess wird diese Nothwendigkeit erst in dem Momente actuell, wo die Baarzahlungen factisch aufgenommen werden sollen; inzwischen kann ein Theil des Baarschatzes der Bank trotz der Goldrechnung aus Silber bestehen, ebenso wie ja gegenwärtig, wo wir die Silberrechnung haben, ein Theil des Baarschatzes aus Gold besteht. Kommt es aber dereinst zur Baarzahlung, dann ist die Verpflichtung des Staates, der Bank ihre Silberbestände abzunehmen, für den Fiscus keine Last, vielmehr wird dieser dann einen sehr bedeutenden Bedarf nach diesem Metalle haben, da ja ein Theil der metallischen Circulation auch unter der Herrschaft der Goldwährung aus Silber bestehen muss. Die beiderseitigen Interessen treffen also hier vollständig zusammen: die Bank muss darauf bestehen, sich ihres Silberballastes zu entledigen und denselben gegen Gold umgewechselt zu erhalten, sowie sie in die Lage kommt, ihre Noten gegen Gold einzulösen; sie kann sich nicht darauf verweisen lassen, diesen Umtausch im Wege des Verkaufes von Silber und des Kaufes von Gold auf dem Edelmetallmarkte zu vollziehen, da sie bei einer solchen Transaction Verluste erleiden könnte, die ihr nicht zukommen, da ja die Verpflichtung des Staates, sein ausgeprägtes altes Geld im Falle des Währungswechsels gegen die neuen Münzen zum Nennwerthe einzulösen, der Bank gegenüber ebenso aufrecht steht, wie gegen jeden beliebigen Privatmann, der zufällig im Besitze von Silbergulden ist. Auf der anderen Seite liegt es wieder im Interesse des Staates, für den Fall des Ueberganges zur factischen Metallcirculation zum mindesten einen Theil jenes Edelmetalls zur Verfügung zu haben, dessen er zur Prägung seiner Silberscheidemünze bedarf; wenn er als

Käufer für 80 bis 100 Millionen Silber auf dem Edelmetallmarkte erschiene, würde er damit voraussichtlich die Preise ebenso in die Höhe treiben, als die Bank sie drücken würde, wenn sie als Verkäuferin eines ähnlichen Betrages aufträte. Es ist also wirthschaftlich sowohl als rechtlich durchaus nothwendig, dass über diesen Punkt ein Abkommen zwischen Staat und Bank getroffen werde, dahin lautend, dass für den Fall der factischen Valutaherstellung der Staat zum Paricourse den Silberschatz der Nationalbank übernimmt, d. h. dass er für jeden Silbergulden einen Reichsgulden in Tausch gibt.

Keine Bedingung des Ueberganges zur Goldrechnung, wohl aber ein sehr wesentlicher Vortheil wäre die Ermässigung des Schlagschatzes für die nach vollzogener Reform vorläufig allein zu prägende Münze, nämlich für die neuen Reichsgulden, resp. für die auszubringenden Zehn- und Fünf-Gulden-Goldstücke. Es gehört mit zu den Vortheilen der Goldwährung, dass Goldmünzen viel billiger ausgeprägt werden können, als Silbermünzen, und dass folglich der Schlagschatz weit mässiger sein kann; denn mässiger Schlagschatz ist, wie dies in der Natur der Sache liegt, ein bedeutender Factor der Stabilität der Wechselcourse und also der Valuta. Auch im Zustande der Goldwährung sind nämlich Schwankungen nicht absolut ausgeschlossen. Sinkt das Verkehrsbedürfniss, so muss ein Steigen der fremden Wechselcourse, d. i. eine relative Werthverminderung der heimischen Valuta die Folge sein; steigt der Bedarf des Verkehres an Circulationsmitteln, so hat dies eine Ermässigung der fremden Wechselcourse, d. i. eine Wertherhöhung der heimischen Valuta Gefolge. Im Interesse jedes Landes liegt es, die Schwankungen nach beiden Seiten auf ein Minimum reducirt zu sehen und ein möglichst geringer Schlagschatz ist eben das wirksamste Mittel zur Erreichung dieses Zweckes.

Gegen die Gefahr eines dauernden Steigens der fremden Wechselcourse bietet, falls nich unvorhergesehene politische und wirthschaftliche Unglücksfälle die Monarchie treffen, die naturgemässe Entwicklung des Verkehres völlige Sicherheit. Wenn man den bisherigen Entwicklungsgang des österreichischen Geldwesens aufmerksam verfolgt, so wird man — wie bereits einmal erwähnt — finden, dass von vorübergehenden Abweichungen abgesehen, die eben durch politische oder wirthschaftliche Unglücksfälle hervorgerufen wurden, der Bedarf an Circulationsmitteln in unserer Monarchie stetig und sehr rasch gestiegen ist. Vor zwei Decennien konnten sich 300 bis 400 Millionen Gulden Papiergeldes im österreichischen Verkehre nur mit hohem Disagio erhalten; ein Decennium später finden wir im Durchschnitte dasselbe Disagio bei einer durchschnittlichen Notencirculation von 600 Millionen Gulden, und schliesslich sehen wir die nämliche, ja eine grössere Notenmenge mit stetig abnehmendem, endlich ganz verschwindendem Disagio circuliren. Man darf also erwarten, dass dieselbe Notenmenge auch hinkünftig sich ohne Disagio im Verkehre erhalten wird, dass jene Erweiterungen der Circulation, die naturgemäss bei steigender Geschäftsthätigkeit durch die Vermittlung des Escompts und Lombards der Bank vor sich gehen, diese Stabilität nicht alteriren können, ja dass sehr rasch ein Zustand der Dinge eintreten muss, wo die 600 bis 700 Millionen Noten, die nach dem gegenwärtigen Stande der Gesetzgebung in Circulation kommen können, dem Geldbedarfe der Monarchie für sich allein nicht mehr genügen werden.

Der Staat braucht sich also blos neuer Zettelausgaben zu enthalten, und es wird mit Naturnothwendigkeit der Moment eintreten, wo die österreichische Note höher im Course stehen wird, als das ihr entsprechende Goldquantum auf den fremden Edelmetallmärkten, und wo folglich ein Andrang von Gold gegen unsere Landesgrenzen in ähnlicher Weise stattfinden wird, wie gegenwärtig ein Andrang von Silber.

Tritt dies nun ein und ist dem Golde der Zutritt zu den österreichischen Münzstätten erleichtert, so wird dies nach doppelter Richtung hin von den wohlthätigsten Folgen begleitet sein. Erstlich wird die Steigerung des internen Geldwerthes über das Goldpari sich nur in mässigen Grenzen halten können; zweitens aber wird der österreichische Geld- und Creditmarkt diesen erleichterten Zufluss des Goldes auch seinerseits als Erleichterung empfinden. Beharrt man dagegen auf dem Schlagschatze von $1/2$ Percent, so wird die Goldausprägung erst dann beginnen können, wenn die österreichische Note das Goldpari etwa um 1 Percent, nämlich um den Betrag des Schlagschatzes plus den Betrag der anderweitigen mit der Münzausprägung verbundenen Spesen überschritten hat. Das wird aber nicht blos für den internen Geldmarkt jederzeit mit einer ziemlich empfindlichen Beengung verbunden sein, mit einer Beengung, die solange währen muss, bis eben unter ihrem Impulse das Aufgeld auf österreichische Noten die erwähnte Grenze überschritten hat: es wird auch, was ebenso schlimm ist, die Stabilität des österreichischen Geldwesens arg gefährdet sein. Denn auf eine Epoche steigenden Geldbedarfs kann und wird dann wieder eine Epoche vorübergehend sinkenden Geldbedarfes folgen, und wenn unter deren Herrschaft der Notencours wieder auf das Goldpari sinkt, so werden im Aussenhandel diese Schwankungen um ein volles Percent nach aufwärts und abwärts als äusserst störendes Moment empfunden werden. Bei einem Schlagschatze von $1/5$ Percent dagegen vermindert sich die Oscillationsgrenze ceteris paribus auf 0·7 Percent, nämlich um die volle Differenz der Prägekosten.

Es ist also wünschenswerth, diesbezüglich das Beispiel der vorgeschrittenen westeuropäischen Staaten nachzuahmen.

Geschieht dies, so kann Oesterreich in normalen Zeiten auf nicht unerhebliche Goldzuflüsse rechnen, die zwar, wie dies überall der Fall ist, zeitweilig auch durch Goldrückflüsse unterbrochen sein werden, die aber, wenn man nach der Analogie schliessen darf und von der Voraussetzung ausgeht, dass der österreichische Geldbedarf auch in Zukunft nach derselben Proportion wachsen wird, wie während der letzten Decennien, im Jahresdurchschnitte doch zwischen 15 bis 20 Millionen Gulden betragen dürften und unter deren Wirksamkeit dem Geldwesen der Monarchie ohne jedes gesetzgeberische Eingreifen, d. h. ohne jede auf Herstellung der metallischen Goldwährung abzielenden Noteneinlösung, während eines Decenniums 150 bis 200 Millionen Goldgulden durch den freien Verkehr zugeführt werden.

Im Bisherigen ist der Beweis dafür erbracht, dass die Verbesserung des österreichischen Geldwesens in Wege des Ueberganges zur Goldrechnung nicht blos möglich, sondern ohne nennenswerthe Kosten durchführbar wäre, und dass ein Gesetz, welches eine Goldmünze zur Basis des österreichischen Geldwesens nimmt, kraft der in demselben ausgesprochenen Ermächtigung für jeden Schuldner, in Gold zu zahlen, wenn dies nach dem Stande der Wechselcourse rentabel erscheint, den Effect haben muss, das gefährlichste, ja das in der Praxis allein zu befürchtende Element der Schwankung aus der österreichischen Valuta zu eliminiren. Dass damit ein ganz ungeheurer Vortheil erreicht wäre, wird Niemand leugnen. Selbst die sogenannten Anhänger der Silberwährung behaupteten ja niemals, dass die Silberwährung unter welchen Voraussetzungen immer der Goldwährung vorzuziehen sei; sie bestreiten blos die Möglichkeit, den „idealen" Zustand der Goldwährung zu erreichen, sie unterschieden sich also von den Anhängern der Goldwährung gar nicht in ihrer Auffassung über die Vorzüglichkeit des von diesen empfohlenen Systems, sondern nur in ihrer Anschauung bezüglich der praktischen Durchführbarkeit desselben. Insbesondere heute begnügen sich die Gegner der Goldwährung damit, ferneres Zuwarten zu empfehlen und bei der zu treffenden Entscheidung vor Ueberstürzung zu warnen.

Dieser Rath ist an sich nun allerdings sehr lobenswerth; in einer so wichtigen und entscheidenden Sache, wie es die Währungsfrage ist, muss jeder Schritt reiflich und weislich erwogen werden. Es ist indess noch Niemandem gelungen, ja es ist in Wahrheit noch niemals der Versuch gemacht worden, zu zeigen, was denn eigentlich für die österreichisch-ungarische Monarchie zu besorgen sei, wenn dieselbe zur Goldwährung überginge und nachträglich durch irgend ein unberechenbares Ereigniss das aufhören sollte, was man vielfach den modernen „Gold-Paroxismus" zu nennen beliebt. Wenn dereinst zahlreiche andere europäische Staaten zur Silber- oder Doppelwährung zurückkehren sollten, so würde dadurch allerdings jene zwingende, unabweisliche Nothwendigkeit des Ueberganges zur Goldwährung nicht mehr bestehen, die, wie die Dinge heute liegen, für jeden Staat unleugbar vorhanden ist. Aber ein Nachtheil aus der Goldwährung könnte auch dann für keinen europäischen Staat erwachsen. Man könnte also allenfalls dort, wo der Uebergang zur Goldwährung mit grossen Opfern und Verlusten verbunden erscheint, unter der Voraussetzung, dass nach einiger Zeit die eben erwähnte Wendung in der Zeitströmung eintreten werde, längeres Zuwarten begreiflich finden. Selbst dann müsste man allerdings untersuchen, ob die Verluste, die dem Lande inzwischen aus der Währungs-Isolirung erwachsen, nicht doch noch grösser sind, als die Opfer, die durch den Uebergang zur Goldwährung bedingt werden. Denn selbst der weitgehendste Silber- oder Doppelwährungs-Fanatismus wird sich nicht bis zu der Hoffnung versteigen, dass die oben erwähnte Wendung schon in der nächsten Zeit eintreten werde, und wenn nach Ablauf mehrerer Jahre oder Decennien thatsächlich die Bimetallisten Recht behalten sollten, so würden damit jene Schäden nicht gut gemacht, die inzwischen die nothwendige Consequenz der Währungs-Isolirung sein müssten. Hätten wir in Oesterreich-Ungarn hunderte Millionen Silber zu verkaufen, so besässe die Mahnung zur Vorsicht, die Warnung vor Ueberstürzung wenigstens den oben erwähnten reellen Hintergrund. Wir haben aber glücklicherweise beim Währungswechsel nichts oder doch so viel als nichts zu verlieren und jene Unentschlossenheit, die vor einem Schritte warnt, bei welchem Verluste überhaupt unmöglich sind, dessen Unterlassen aber, wenn gewisse, in Wahrheit höchst utopische Voraussetzungen nicht zutreffen, den Ruin mit sich führen müsste, verdient in Wahrheit gar nicht den Namen der Vorsicht, sondern mit viel mehr Recht den der Kurzsichtigkeit, verbunden mit fatalistischem Quietismus.

Speciell für Oesterreich aber hat diese sogenannte Vorsicht und Bedächtigkeit noch einen ganz besonderen, höchst fatalen und gefährlichen Hintergrund; denn sie muss, falls sie noch einige Zeit hindurch geübt wird, nicht nur der österreichischen Volkswirthschaft, sondern ebenso sehr den österreichischen Staatsfinanzen unvermeidliche und kolossale Verluste bringen. Nach ungefähren Schätzungen dürfte die Monarchie jedes Jahr dieser „Vorsicht" mit durchschnittlich 80 bis 100 Millionen Gulden bezahlen, wie sofort nachgewiesen werden soll.

Die im Auslande untergebrachte Schuldenlast der Monarchie wird von genauen Kennern der einschlägigen Verhältnisse auf mindestens 4 Milliarden Gulden geschätzt, wobei selbstverständlich nicht blos die eigentlichen Staatsschulden, sondern ebenso die Eisenbahn- und Privatschulden mitgerechnet sind. Für diese 4 Milliarden hat das Land jährlich

200 Millionen Interessen an das Ausland abzuführen. Nun repräsentirten diese 4 Milliarden Gulden österr. Währung vor einigen Jahren, bevor noch die Silberentwerthung begann, rund 400 Millionen Pf. St. und die jährlichen 200 Millionen Silbergulden Zinsen 20 Millionen Pf. St. In Folge der Silberentwerthung reducirte sich aber der Goldwerth der fraglichen Schulden- und Zinsenlast um rund 15 Percent, also um 60 resp. 3 Millionen Pf. St. Die Monarchie hat diese Reduction ihrer Schuldenlast, die allerdings eine Folge ihres Beharrens auf der Silberwährung ist, schwer und theuer bezahlt: ihr Handel wurde gestört, ihr Credit ruinirt, und es ist sehr die Frage, ob das Geschäft, das sie dabei machte, ein sonderlich vortheilhaftes war. Heute aber ist es müssig, darüber zu streiten: die Verwüstung in unserem Staats- und Volkshaushalte in Folge der bisherigen Währungs-Isolirung lässt sich nicht mehr ungeschehen machen, ebenso aber sind die jährlichen 3 Millionen Pf. St., um welche wir heute dem Auslande weniger tributpflichtig sind, als vor einem Lustrum, ein effectiv greifbarer und durch keinerlei Theorie hinwegzuleugnender Gewinn. Um aber diesen Gewinn festzuhalten, gibt es nur ein Mittel, und das ist der rasche Uebergang zur Goldrechnung. Wenn wir diesen Uebergang jetzt vollziehen, so werden eben die 200 Millionen neuer Goldgulden, die wir statt der bedungenen Silbergulden dem Auslande hinkünftig zu zahlen uns verpflichten, nicht 20, sondern 17 Millionen Pf. St. schwer sein; der Gewinn von 3 Millionen Pf. St. wird eben durch das Goldrechnungsgesetz fixirt für alle Zeiten. Das ist klar und unwiderleglich. Es fragt sich nur, wie sich die Sache verhalten wird, wenn wir nicht zur Goldrechnung übergehen, insbesondere aber, wenn wir aus „Vorsicht" diesen Schritt nach Möglichkeit hinausschieben.

Will man auf der Silberwährung definitiv beharren, so kann man unter Umständen allerdings den erwähnten Gewinn gleicherweise behalten, ja es ist sogar möglich, dass sich durch ein ferneres Fortschreiten der Silberentwerthung dieser Gewinn noch vergrössert. Dann muss man aber auch mit aller Entschiedenheit vorgehen, d. h. die Silberprägungen wieder freigeben, denn ohne das nützte das principielle Beharren auf der Silberwährung nichts, da sich ja, wenn die Silberprägungen nicht freigegeben sind, die Papier- und Silbergulden über das Silberpari heben und folglich, da wir unsere Schulden an das Ausland nicht in Silberbarren, sondern in Papier- oder Silbergulden, resp. in den für diese Papier- und Silbergulden einzuhandelnden Devisen entrichten, Barrensilber in London immerhin auf 30 Pence per Standardunze sinken könnte, ohne dass dies unseren Lastenstand verringern würde. Umgekehrt aber wird, wenn wir bei der Silberwährung beharren, eine allenfalls eintretende Steigerung des Silberpreises den Lastenstand erhöhen. Dazu kommt noch — was hier übrigens nur nebenbei bemerkt werden soll — dass ja die Anhänger der Silberwährung resp. die Verfechter der „Vorsicht" von der Ansicht ausgehen, dass Silber wieder steigen, ja dass es den sogenannten Paristand wieder einmal erreichen werde: behalten sie nun Recht, so würde eben der erwähnte Gewinn von 3 Millionen Pf. St. jährlich vollständig wieder verschwinden, wir wären dem Auslande wieder mit 20 Millionen Pf. St. jährlich tributär. Also selbst wenn das geschieht, worauf in ultima ratione die heute noch Unentschlossenen hinweisen, wird es erst recht nothwendig, mit Rücksicht auf die internationale Verschuldung der Monarchie die dereinstige Etablirung des universellen Bimetallismus im Besitze der Goldwährung und nicht der Silberwährung abzuwarten, denn die gewonnenen 3 Millionen Pf. St. jährlich würde uns dann auch der Bimetallismus nicht mehr nehmen.

Resumiren wir also: eine Gefahr oder die Möglichkeit von Verlusten ist mit dem sofortigen Uebergange zur Goldwährung resp. Goldrechnung unter keinen Umständen verbunden, dagegen aber abgesehen von der fortwährenden Beunruhigung des Geldwesens durch die inzwischen ununterbrochen andauernden Schwankungen des Silberpreises mit dem Beharren auf der Silberwährung die Gefahr einer dauernden Mehrbelastung bis zur Höhe von 30 Millionen Gulden jährlich. Diese Gefahr der Mehrbelastung ist — solange die Silberwährung besteht — nur unter zwei Voraussetzungen abzuwenden, nämlich erstens, wenn Silber fernerhin sinken sollte, zweitens, wenn man die Silberprägungen unbeschränkt wieder aufnimmt. Gerade dieses Letztere aber kann von den Vorsichtigen, die abwarten wollen, doch gewiss nicht angerathen werden, denn mit der Fortsetzung der Silberprägungen wären eben die Brücken vollständig abgebrochen, das Land für alle Zeiten zur Silberwährung verdammt. Andererseits müssen selbst die Fanatiker der Silberwährung zugeben, dass dieses Abbrechen der Brücken die erwähnte Entlastung nur dann conserviren oder vollends noch steigern könnte, wenn sie — nämlich die Silbertheoretiker — Unrecht behalten. Denn die Voraussetzung, das Grunddogma ihrer ganzen Theorie ist ja die Ansicht, dass die Silberpreise sich wieder heben und stabilisiren werden.

Wenn man aber die Sache praktisch betrachtet, so kann es sich heute doch nur mehr um die Frage handeln, ob der gegenwärtige Zustand, nämlich das principielle Beharren auf der Silberwährung bei gleichzeitiger Sistirung der Silberprägungen, oder aber der Uebergang zur Goldwährung resp. Goldrechnung zu wählen sei. Das Erstere ist es, was die sogenannten Vorsichtigen empfehlen, und bezüglich dieses Rathschlages gilt eben, dass seine Befolgung die Monarchie jährlich mit ungefähr 80 bis 100 Millionen Gulden belasten würde. Denn wenn die Silberprägungen sistirt bleiben, so lässt sich aus dem bisherigen Entwicklungsgange des österreichischen Geldwesens mit grosser Sicherheit — etwa mit der nämlichen, mit welcher sich ein Zuwachs der Bevölkerung voraussagen lässt — der Schluss ziehen, dass der Geldwerth in Oesterreich jährlich im Durchschnitte um mindestens 2 bis 2½ Percent steigen muss. So viel betrug nämlich im Minimum während der abgelaufenen 3 Decennien die Zunahme der Umlaufsmittel, sei es im Wege der Notenvermehrung, sei es im Wege der Werthsteigerung der Noten. Wenn man nun nicht annehmen will, dass der vielgerühmten Vorsicht zuliebe die Gesetze des Geldumlaufes sich in der Zukunft auf den Kopf stellen werden, so muss der nämliche Entwicklungsgang auch für die Zukunft erwartet werden. Sind aber die Silberprägungen sistirt, können die 2 bis 2½ Percent, um welche sich nach dem allgemeinen Gesetze der Circulationsmittelvorrath jährlich steigern muss, nicht in Form frischer Silbergulden hereinströmen, so muss sich die Vermehrung des Circulationsmittelvorrathes eben intensiv, nämlich durch eine fortlaufende Steigerung unseres Guldenwerthes über das Silberpari vollziehen, d. h. mit anderen Worten, die 4 Milliarden Gulden österr. Währung, die heute rund 340 Millionen Pf. St. werth sind, werden nach Ablauf eines Jahres wahrscheinlich 348 bis 350 Millionen Pf. St. gelten, nach 2 Jahren 356 bis 360 und, bevor ein Decennium abgelaufen ist, wieder rund 400 Millionen Pf. St.

Man sieht also, mit dem in Oesterreich leider so sehr beliebten Mittel des Nichtsthuns, des thatenlosen Abwartens, ist im vorliegenden Falle sehr schlecht gedient; mit 80 bis 100 Millionen Gulden jährlich, das wird auch der Vorsichtigste zugeben, ist diese Sorte von Weisheit doch zu theuer bezahlt. Und um diesen ungeheueren Verlusten zu entgehen, muss man eben wählen zwischen sofortigem Uebergange zur Goldwährung oder unverweilter Wiederaufnahme der Silberprägungen. Etwas muss geschehen. Wer nicht den Muth hat, sich nach irgend einer Seite zu entscheiden, der bedenke, dass seine Unentschlossenheit für alle Fälle verderblich ist. Wenn Holland es sich gefallen liess, seinen Silbergulden lediglich durch die Sistirung der Silberprägungen um 20 Percent über den Silbergehalt in die Höhe zu schrauben, so wusste es sehr wohl, was es dabei that, denn Holland ist keinem Staate der Welt auch nur einen Heller schuldig und dort war die Sistirung der Silberprägungen in der That, wie dies auch bei uns der Fall ist, das beste Mittel, um den Schwankungen des Silberpreises zu entgehen. Ein verschuldeter Staat, wie Oesterreich, dagegen beginge durch eine solche Politik geradezu einen Selbstmord.

Ebenso aber wäre die unbeschränkte Wiederaufnahme der Silberprägungen ein Selbstmord, in ihrer Wirkung gleichbedeutend mit einer neuen Zettel-Inflation, mit dem alleinigen Unterschiede, dass frisch gedruckte Zettel zum mindesten nichts kosten, und also dem Staate ein ausgiebiges finanzielles Hilfsmittel bieten, während frisch geprägte Silbergulden die Valuta ebenso ruiniren, wie neue Noten, und doch nichts einbringen. Man kann also weder warten, noch kann man die Silberprägungen freigeben, es bleibt kein anderer Ausweg als der mit möglichster Beschleunigung vollzogene Uebergang zur Goldrechnung. Entschliesst man sich dazu nicht, so ist in kürzester Frist der allgemeine Bankerott — des Staates sowohl als der Volkswirthschaft — die ganz unvermeidliche Folge.

Im Nachtrage folgt der Entwurf eines Gesetzes, mit welcher das bisher entwickelte Reformproject in die Wirklichkeit eingeführt werden könnte. Dass dieser Entwurf keinen Anspruch auf codificatorische Vollendung erhebt und eigentlich weiter nichts sein will, als die präcise Zusammenstellung der im Vorstehenden weitläufiger behandelten Ideen, bedarf wohl keiner besonderen Erwähnung.

Gesetz vom . . . . .

Mit Zustimmung der beiden Häuser des Reichsrathes finde Ich zu verordnen, wie folgt:

Artikel I.

Es wird eine Goldmünze geprägt, von welcher aus einem Pfunde feinen Goldes (80) Stück ausgebracht werden. Der zehnte Theil dieser Goldmünze wird Reichsgulden genannt und in 100 Kreuzer eingetheilt. Ausser der Goldmünze zu 10 Reichsgulden sollen ferner ausgeprägt werden Goldmünzen zu 5 Reichsgulden, von welchen aus einem Pfunde feinen Goldes (160) Stück ausgebracht werden.

Artikel II.

Das Mischungsverhältniss der Goldmünze wird auf neun Theile Gold und ein Theil Kupfer festgestellt.

Artikel III.

Die Goldmünzen tragen auf der Avers-Seite Mein Brustbild mit der Unterschrift: FRANCISCUS JOSEPHUS J. D. G. IMPERATOR ET REX; auf der Revers-Seite den kaiserlichen Adler mit der Unterschrift: IMPERIUM AUSTRIACUM mit der Werthbestimmung 10 Gulden, beziehungsweise 5 Gulden und der Jahreszahl der Ausprägung.

Durchmesser der Münzen, Beschaffenheit der Ränder und das Verfahren bei der Ausprägung werden vom Finanzminister festgestellt; das Verfahren soll die vollständige Genauigkeit nach Gehalt und Gewicht sicherstellen; die Abweichung darf im Gewichte nicht mehr als $1/4$ Percent und im Feingehalte nicht mehr als $1/5$ Percent betragen. Der Reichsrath überwacht das Verfahren bei Ausprägung der Goldmünzen.

Artikel IV.

Die Ausprägung der Goldmünzen ist Jedermann freigegeben und dürfen die Münzstätten nicht mehr als $1/5$ Percent an Schlagschatz dafür einheben.

Artikel V.

Alle Zahlungen, welche gesetzlich in klingender Silbermünze österreichischer Währung, das ist des 45-Guldenfusses, zu leisten sind, werden vom Tage der Kundmachung des Gesetzes an in Reichsgulden zu leisten sein, wobei für den Silbergulden ein Reichsgulden zu berechnen ist. Zahlungen, die in österreichischen Goldmünzen der Franc-Währung zu leisten sind, können ebenso vom Tage der Kundmachung des Gesetzes an in Reichsgulden geleistet werden, wobei das 20-Francs- oder 8-Guldenstück gleich (9·30) Reichsgulden und das 10-Francs- oder 4-Guldenstück gleich (4·65) Reichsgulden zu rechnen ist.

Artikel VI.

Während der ersten sechs Monate nach Kundmachung des Gesetzes können bei allen Zahlungen, die im Sinne des Artikels V in Reichsgulden zu leisten sind, diese durch Goldmünzen des Francs-Fusses vertreten werden.

und zwar nach dem nämlichen im Artikel V angegebenen Verhältnisse des Feingehaltes beider Münzen derart, dass für den Reichsgulden (0.86$_{02}$) des sogenannten alten Goldguldens zu leisten sind. Es werden dabei die Beträge unter 10 Frcs. nach dem jeweiligen Tagescourse in Papier- oder Silbergulden und in österreichischer Scheidemünze zu entrichten sein; Bruchtheile über $\frac{1}{2}$ Kreuzer inclusive sind für voll, Bruchtheile unter $\frac{1}{2}$ Kreuzer als nicht vorhanden anzusehen.

Artikel VII.

Die in Umlauf befindlichen Goldmünzen des Francs-Fusses, die Staatsnoten und Banknoten sind einzuziehen. Die Goldmünzen des Francs-Fusses sind in neue Reichs-Goldmünzen umzuprägen; die aus dem Verkehre zu ziehenden Staats- und Banknoten sind durch neue Titres zu ersetzen, in denen überall dort, wo auf den alten Appoints die Worte „Oesterreichische Währung" oder „Silbergulden österreichischer Währung" vorkommen, das Wort „Reichsgulden" einzuschalten ist.

Artikel VIII.

Alle Zahlungen, welche in österreichischer Währung Papier zu leisten sind, werden drei Monate nach Kundmachung des Gesetzes in den neuen Reichsgulden-Noten zu leisten sein.

Artikel IX.

Der Finanzminister wird ermächtigt, Silbergulden im Maximalbetrage von 30 Millionen Gulden aus dem Verkehre zu ziehen, einzuschmelzen und zu verkaufen. Aus dem Erlöse dieser Silberverkäufe ist das zu Zwecken der Goldprägung erforderliche Gold zu kaufen. Sollte dieser Erlös zur Beschaffung des Goldes nicht genügen, welches zur Ausprägung eines den eingezogenen Silbergulden der Stückzahl nach gleichen Vorrathes an Reichsgulden erforderlich ist, so wird der Finanzminister im verfassungsmässigen Wege für die Bedeckung des sich ergebenden Ausfalles Vorsorge zu treffen haben.

Artikel X.

Eine Ausprägung von anderen als den gesetzlich eingeführten Reichs-Goldmünzen, sowie von Silbermünzen findet bis auf Weiteres nicht statt.

Artikel XI.

Der Finanzminister wird ermächtigt, mit der Oesterreichisch-ungarischen Bank ein Abkommen zu schliessen, des Inhalts, dass die im Besitze der Bank befindlichen Silbergulden österreichischer Währung für den Zeitpunkt, wo dem Bank-Institute die Wiederaufnahme der Baarzahlungen zur Pflicht gemacht wird, vom Staate übernommen werden, und zwar gegen Zahlung von Reichsgulden im selben Nominalbetrage.